Historia de los Pioneros de Rochdale

Orígenes del movimiento cooperativo internacional

George Jacob Holyoake

Historia de los Pioneros de Rochdale

Orígenes del movimiento cooperativo internacional

George Jacob Holyoake

Con la colaboración de:

**LACIUTAT
INVISIBLE.ⲥⲟⲟⲣ**
Cooperativa autogestionària

MONTABER

Colección: Economía social y solidaria
Director: David Soler

Historia de los Pioneros de Rochdale
George Jacob Holyoake
© de esta edición, ICG Marge, SL

Título original: The history of the Rochdale Pioneers
1.ª edición, 1989, © InterCoop Editora Cooperativa Limitada, ISBN 950-9012-38-6
2.ª edición, 2020, ICG Marge, SL.

Edita: Marge Books | Montaber
València, 558 – 08026 Barcelona
Tel. 931 429 486 - montaber@montaber.es
www.montaber.es

Traducción del francés (de la versión abreviada de Marie-Adèle Moret): Bernardo Delom
Edición: Naty Echezuría, Adrià Gibernau
Compaginación: Mercedes Lara
Impresión: Safekat, SL (Madrid)

ISBN edición impresa: 978-84-17903-38-1
ISBN edición digital: 978-84-17903-39-8
Depósito Legal: B 19476-2020

El papel empleado en este libro no ha sido blanqueado con cloro elemental (Cl_2).

Índice

Prólogo

El faro cooperativo de Rochdale: ideas prácticas que saltaban continentes

Si algo caracterizó la formación de la cultura obrera de entresiglos, entre el diecinueve y el veinte, fue el afán por el cultivo del aprendizaje y la autogestión del conocimiento. En la búsqueda de la emancipación y la mejora integral de la vida –personal y colectiva– de sus componentes, el autodidactismo fue un impulso irrefrenable que coadyuvó a los procesos de formación de una conciencia obrera consistente. Fue tras la estela de aquel ímpetu que se derivó la generación de toda una institucionalidad cultural popular y su infraestructura: la creación de salas de lectura y bibliotecas, librerías, prensa propia, escuelas racionalistas, grupos corales, teatrales, excursionistas, naturistas, ateneos enciclopédicos y cooperativas. En ese contexto, los libros pasaban de mano en mano, se compartían las lecturas en voz alta, se organizaban tertulias y debates, se discutían los textos y las ideas fuerza, y todo, después de duras jornadas de trabajo. Aquellas puestas en común, sin embargo, no se organizaban en pro del simple desarrollo del intelecto en abstracto, sino que querían incidir sobre la realidad desde una dimensión práctica, con la clara voluntad de transformarla. Los libros como crisol de ideas se convirtieron en fuente de inspiración, manual iniciático de instrucciones, escuela de autogestión, autonomía, democracia económica y emancipación de clase. Entonces, como ahora, si el saber era poder/capacidad, la ignorancia era impotencia. Los libros teletransportaban ideas, que saltaban continentes, mucho antes de cualquier idea sobre internet, poniendo en marcha la inteligencia colectiva.

Sin duda, la Historia de los Pioneros de Rochdale, publicada por primera vez mediante inserciones por capítulos en el *Daily News* en 1857, por el owenista George James Holyoake –creador a su vez del concepto de apoyo mutuo *(self-help)*– fue una de esas lecturas compartidas. Voz originaria del cooperativismo mundial, la obra repasa la fundación, evolución y funcionamiento de la que se considera la primera cooperativa moderna, la Rochdale Society of Equitable Pioneers, creada por veintiocho tejedores de Lancashire en 1844. Cansados de la precariedad y los constantes conflictos laborales, la cooperativa fue la fórmula idónea para satisfacer las necesidades básicas mediante la autoorganización y la mancomunión de la capacidad de consumo familiar. La experiencia sirvió para ensayar un nuevo modelo de relaciones socioeconómicas, sin lucro ni privatización de las ganancias, con medidas de autoprotección mutual. Pero, sobre todo, más allá del mito, para pautar los **principios cooperativos,** los valores y las normas de funcionamiento que posteriormente recogió la Alianza Cooperativa Internacional, una base programática eficaz que aún sigue vigente hoy en día para millones de personas cooperadoras.

La lectura y traducción de la Historia de los Pioneros de Rochdale inspiró, incitó y acompañó a muchos obreros en la creación de cooperativas, primero en Inglaterra y más tarde en todo el mundo. Es conocido, por ejemplo, que Fernando Garrido y Joan Tutau fueron los exportadores de la idea cooperativa en el Estado español, después de conocer en persona la experiencia rochdaliana durante su exilio político en Inglaterra, en 1862. El propio Fernando Garrido incluyo una traducción de los diez primeros capítulos de la obra de Holyoake en su *Historia de las Asociaciones Obreras en Europa,*[1] publicada en 1864.

En algunos casos, como el libro que nos ocupa, se realizaban traducciones y versiones simplificadas de las obras para facilitar la difusión entre personas no acostumbradas a la lectura, en lo que actualmente se conoce como «lectura fácil». Un ejemplo de ello fue la versión abreviada

---

[1] Garrido, Fernando. *Historia de las Asociaciones Obreras en Europa.* Barcelona: Imprenta y Librería de Salvador Manero, 1864.

en francés que realizó Marie-Adèle Moret.[2] Esta versión fue la que tradujo al castellano Bernardo Delom para la Federación Argentina de Cooperativas de Consumo, quien la publicó en 1944, y que presentamos en esta edición.

Los cooperativistas catalanes también siguieron la estela de Rochdale y cada 21 de diciembre, día de la apertura del primer almacén de la sociedad en *Toad Lane* (el callejón del Sapo), celebraban la efeméride recordando los orígenes y vicisitudes, pero sobre todo proyectándose en las consecuciones del potente cooperativismo inglés. En 1934, durante los actos conmemorativos del nonagésimo aniversario, los cooperadores locales incitaban a seguir el «faro de Rochdale» como modelo e impulso para su desarrollo. Después de la organización cooperativa de las consumidoras, el camino trazado pasaba por la concentración cooperativa, el establecimiento de almacenes cooperativos al por mayor y de centrales de compras, la generación de fábricas cooperativas e incluso de un banco cooperativo como motor financiero de producción de la llamada Co-operative Wholesale Society (CWS), formada por más de 30.000 personas socias consumidoras.

---

[2] *Histoire des Équitables Pionniers de Rochdale*, George James Holyoake, *résumé extrait et traduit de l'anglais par* Marie-Adèle Moret, editado por la Société Coopérative Volksdrukkerij, Gante (Bélgica), 4.ª edición, 1923.

Marie-Adèle Moret fue esposa del industrial Jean-Baptiste André Godin, quien desarrolló y construyó Le Familistère, un modelo de comunidad industrial y residencial inspirado en el falansterio de Charles Fourier.

Respecto al contenido específico del libro, habría que mencionar una controversia generada en torno a la presencia femenina entre los fundadores de la Rochdale Society of Equitable Pioneers. Holyoake en su libro incluyó una mujer, Anna Tweedale, como socia fundadora, y según la investigadora del cooperativismo Gillian Lonergan, habría sido una «invención» para maquillar una contradicción de la triste y descarnada realidad patriarcal del momento.[3] Sea como sea, según ella, las fuentes disponibles no permiten afirmar la existencia de esta mujer en concreto, pero si permiten intuir que el papel de las mujeres en el seno de las cooperativas fue crucial. Aunque inicialmente no se les dejara ostentar representación directa en los órganos de decisión, la primera mujer que entró en la cooperativa como asociada fue Elisa Brierley, el 1846, solo dieciséis meses después de su fundación, al quedar viuda y pasar a ser cabeza de familia. En cualquier caso, a pesar de no ser generalizable, este hecho remarca que algunas mujeres cooperativistas tuvieran el derecho a voto, ochenta años antes de que se otorgara el sufragio femenino en igualdad de condiciones con los hombres en el parlamento inglés (1928). El feminismo se desplegó de forma pujante en Inglaterra, y especialmente articulándose en guildas e hibridándose en movimientos de masas como el cooperativismo y el pacifismo.

---

[3] Agradezco a Mar Masip la información sobre este equívoco y sus circunstancias.

A manera conclusiva y como invitación a la lectura, la experiencia de Rochdale, más allá del caso concreto y de la curiosidad historiográfica, puede servir a modo de ejemplo de cuan eficaz puede ser una idea práctica transformadora, si realmente aporta soluciones tangibles, realizables y generalizables a las necesidades básicas sobrevenidas y producidas por el modo de producción hegemónico. A caballo de dos siglos, entre el diecinueve y el veinte, una época de cambios, el proyecto de los Pioneros de Rochdale sirvió de inspiración para cientos de personas y generaciones enteras del movimiento obrero que buscaban alternativas socioeconómicas a las transiciones o transacciones de un capitalismo industrial rampante. Hoy, bajo la hegemonía del capitalismo neoliberal, en medio de pandemias, crisis sociales y ecológicas, el ejemplo de aquellos pioneros puede también servir de inspiración para ser capaces de imaginar e irradiar nuevas relaciones y proyectos económicos de la clase trabajadora basadas en la autogestión, la solidaridad y el apoyo mutuo.

Si algo no ha cambiado desde aquel lejano siglo diecinueve es que, ahora y aquí, necesitamos urgentemente construir un nuevo modelo socioeconómico, una organización popular de la economía que permita abrir horizontes de justicia social a nivel local y global, y que pueda resolver tanto los problemas de producción, distribución y consumo, como sobre todo los de reproducción social. Una economía feminista dirigida a solventar colectivamente las necesidades emergentes y nuevas formas de organización socioeconómica de gestión de los bienes, saberes y recursos que acometan la transición ecológica y social que necesitamos. Es el momento de inventar nuevas instituciones obreras, a la manera de Rochdale, pero esta vez para el proletariado del siglo XXI.

Marc Dalmau i Torvà
La Ciutat Invisible, sccl

Presentación

Dentro de la literatura cooperativa surgida en la segunda mitad del siglo XIX seguramente no existe ninguna otra obra que haya alcanzado mayor divulgación ni concitado mayor interés que la HISTORIA DE LOS PIONEROS DE ROCHDALE, de George Jacob Holyoake.

Pocos libros de cooperativismo han logrado una difusión tan amplia y, sobre todo, una influencia tan grande como esta historia. Escrita en lenguaje llano y ameno, constituyó durante muchos años el trabajo de iniciación más accesible para el público de numerosos países, comenzando por Europa occidental. De esta fuente sencilla pero profunda se nutrieron las inquietudes y se estimularon los deseos de progreso de muchísimas personas que, a través de su lectura, penetraron los humildes secretos de la experiencia rochdaleana.

De esa manera, Holyoake se convirtió en el divulgador por excelencia de la primera experiencia cooperativista universalmente reconocida como tal, en el sentido específico de la palabra. Su trabajo incitó los espíritus de numerosos cooperativistas potenciales que, después de leerlo con avidez, pasaron al terreno de las realizaciones concretas.

Imposible resultaría medir en términos numéricos los efectos que la difusión cooperativa operada por la Historia de los Pioneros de Rochdale ha producido en tantos y tan diversos países. La obra de Holyoake no es, ni pretende ser, un tratado de doctrina cooperativa. Es, nada más y nada menos, que un relato de los orígenes y las primeras décadas de existencia de una organización popular encaminada a satisfacer las necesidades de sus asociados por medio de su propio esfuerzo y de la ayuda mutua. Es la descripción de la síntesis lograda por un grupo de obreros que conjugaron la tendencia humana profunda hacia la acción solidaria, con la permanente aspiración de progreso social que inspiró a personas de todas las épocas, mediante una fórmula que recoge y realiza con eficacia los antecedentes ya experimentados y las exigencias del presente histórico de la época.

De la lectura de la obra se desprende con toda claridad que lo que inicialmente *no* era nada más que la operación de un almacén de consumo, terminó sentando las bases de una nueva filosofía de las relaciones económicas y sociales. En este sentido, el autor ha reivindicado para los Pioneros el legítimo derecho de ser considerados genuinos precursores de un nuevo enfoque de la actividad económica, llamada a cambiar profundamente el sentido final de ella y a

Georges Jacob Holyoake.

asignarles a las personas consumidoras un papel protagónico que hasta ese momento se les había negado.

En su momento no se advirtió la resonancia que estaría llamada a tener la experiencia de Rochdale. En palabras del economista e historiador francés Charles Gide (1847-1932): «En la época en que vivían los Pioneros no faltaban economistas y socialistas eminentes. Estaban John Stuart Mill, Bastiat, Proudhon y otros. No prestaron ninguna atención al gran acontecimiento que se preparaba en el callejón del Sapo. Hubieran quedado muy sorprendidos si alguien les hubiera pronosticado que en poco tiempo los Pioneros de Rochdale llegarían a contar con millones de adeptos.»

La obra de Holyoake rescató la aleccionadora enseñanza de los Pioneros para proyectarla con extraordinaria fuerza de convicción y emulación a todas las latitudes. Especialmente durante los primeros años posteriores a Rochdale, el trabajo de los Pioneros fue el vademécum del cooperativismo europeo, el reservorio al cual recurrir para la búsqueda de inspiración y orientación en la actividad cooperativa.

Uno de los méritos más insignes del autor es el de haber sido capaz de pintar con trazos claros y luminosos la síntesis armónica y original lograda por los Pioneros entre el idealismo y el sentido práctico. En una época de grandes convulsiones sociales y políticas, con la aparición de tantos movimientos, doctrinas y teorías aparentemente llamadas a cambiar el mundo en muy poco tiempo, la modesta experiencia rochdaleana aparece intrascendente e insignificante. Empero, como lo destaca el mismo Gide, la historia se encargaría de probar la perdurabilidad de esa experiencia, incluso una vez desaparecidos aquellos movimientos, doctrinas y teorías.

Los Pioneros se propusieron una transformación profunda de la realidad económica y social que les tocó vivir, pero a diferencia de los muchos ideólogos, filósofos y reformadores sociales, tanto de aquella época como de otros tiempos, tuvieron el buen tino de comenzar esa transformación por aquello que se encontraba al alcance de sus modestas posibilidades. Así entonces, en vez de esperarlo todo del libre juego de las leyes naturales, de la violencia y de la lucha de clases o de la acción benefactora del Estado, se decidieron a encarar por sí mismos el logro de esa transformación.

De esa manera, el esfuerzo propio y la ayuda mutua como palancas de superación fueron inteligentemente utilizados para un cambio que no reconocía otros protagonistas o inspiradores más que los propios hombres del pueblo, a través de la toma de conciencia de su situación y de la organización del esfuerzo común. Así, la lección de Rochdale se plasmó perenne en la historia del progreso de la humanidad. Y así la recogió en este libro Holyoake, a manera de un repertorio de enseñanzas sencillas y profundas al cual recurrir en busca de inspiración y de fe, para la realización de una causa que no reconoce otro artífice ni otro destinatario que la persona que procura realizar la justicia en un clima de libertad.

La HISTORIA DE LOS PIONEROS DE ROCHDALE, escrita por un inglés que había conocido muy de cerca la realidad del cooperativismo de su país, se editó por primera vez en 1878, después de lo cual alcanzó muchas ediciones en su lengua de origen y traducciones a numerosos idiomas. Sin embargo, poco se ha conocido de ella en castellano hasta una época relativamente reciente.

En 1944 —año en que se cumplía el centenario de la fundación de la Cooperativa de Rochdale—, la editorial de la Federación Argentina de Cooperativas de Consumo (FACC) publicó en Buenos Aires una versión traducida por Bernardo Delom. De dicha edición constituye la presente una reproducción que solamente reconoce una ligera revisión de estilo. Ello compromete el agradecimiento hacia la FACC por haber autorizado la nueva publicación de una obra que desde hace años estaba faltando en los catálogos de la especialidad y que enriquece ahora el acervo editorial de InterCoop, a la vez que facilita a los lectores de habla hispana el acceso a una de las pequeñas grandes obras maestras del cooperativismo mundial.

DANTE CRACOGNA
Buenos Aires, 1989

Historia de los Pioneros de Rochdale

Orígenes del movimiento cooperativo internacional

Origen y propósitos de la Sociedad

A fines del año 1843, la industria textil estaba en su apogeo y proporcionaba una gran actividad en las más importantes manufacturas de Rochdale, condado de Lancashire (Inglaterra). En esa feliz circunstancia, los tejedores —que siempre han sido una clase de trabajadores mal retribuidos— se propusieron conseguir un aumento en sus salarios. Parecía evidente que, si los patrones estaban recibiendo beneficios, el momento no podía ser más oportuno.

Todos los productores a quienes se formuló el pedido declararon estar dispuestos a satisfacerlo, siempre y cuando los demás fabricantes también lo hicieran. Pero, ¿cómo obtener la conformidad de todos los patrones y garantizar a cada uno de ellos la adhesión de los demás?

El asunto, muy simple en teoría, resultaba difícil en la práctica. Los patrones no siempre son corteses y los obreros, generalmente, no destacan por su táctica. Los tejedores no acostumbran a negociar por escrito con sus patrones, de manera que una entrevista es casi siempre el modo de lucha adoptado; entrevista que los obreros imponen y el patrón acepta. Además, los fabricantes no suelen ver con simpatía esa clase de negociaciones, pues, así como una quiebra puede dejar, repentinamente, a los obreros en la miseria, un aumento de los salarios puede producir, en ciertas ocasiones, la ruina de un patrón.

Sin embargo, con el fin de encaminar el asunto por una vía práctica y con una generosidad que los Pioneros recordaron con gratitud, una o dos fábricas concedieron a sus obreros un aumento de salario, pero con la condición de que este aumento quedaría anulado si la mayoría de los patrones no lo concedían igualmente.

Pero después de muchas penurias y dificultades, los obreros no consiguieron convencer a ningún otro propietario y el aumento de salarios no se mantuvo. Fue entonces cuando algunos tejedores de Rochdale evocaron las ideas de Robert Owen. Los socialistas de aquella época, pese a sus concepciones distintas, prestaron un gran servicio al hacer comprender a los obreros que, tanto ellos como los patrones, eran esclavos de la organización comercial e industrial existente, y que si muchos obreros de hoy fueran patrones mañana, procederían del mismo modo que los industriales de quienes se quejan. Era el conjunto de las circunstancias y el ambiente social lo que se debía modificar.

Los tejedores de Rochdale, no habiendo podido conseguir aquello que deseaban y que consideraban justo, intentaron obtener igualmente alguna mejora. En uno de esos días húmedos, oscuros y tristes —como los de noviembre, cuando los días ya son cortos y el sol parece vencido por el desaliento y el disgusto—, algunos de esos tejedores sin trabajo, casi sin pan y socialmente aislados, se reunieron para estudiar lo que más convenía hacer.

Los fabricantes tenían el capital y los comerciantes las provisiones. Privados de esos dos recursos y carentes casi por completo de todo, ¿qué podían hacer los obreros? ¿Reclamar el beneficio de la ley de amparo a los menesterosos? Ni hablar; eso habría significado la pérdida de su independencia. ¿Emigrar? La emigración les parecía como una condena al destierro por delito de pobreza.

¿Qué podían hacer, entonces?

Después de muchas reflexiones, resolvieron iniciar su propia lucha. Considerándose como comerciantes, industriales y capitalistas a quienes faltaba experiencia, saber y dinero, se propusieron crear sus propios medios de acción y conseguir, mediante la ayuda mutua, todo lo que les faltaba.

Pronto empezó circular una lista para recaudar fondos, aunque los agentes de bolsa no habrían tenido mucha confianza en el resultado. Doce de estos capitalistas liliputienses se comprometieron a desembolsar una cuota de dos peniques por semana, cantidad que esos «Rothschild» en ciernes no sabían cómo procurarse.

Después de veintidós llamados a los accionistas, la Sociedad no contaba con suficientes recursos para comprar ni una bolsa de harina y, sin embargo, hoy[1] la Sociedad cuenta con 12.570 miembros y un capital de 296.000 libras esterlinas.

Pero en esa época, los socios eran tan pocos y sabían que necesitaban tanto tiempo para realizar sus proyectos que, entre algunos de nuestros Pioneros, comenzó a propagarse un cierto desaliento. Por otra parte, como los recursos, aun los más mínimos, son preciosos para quien nada tiene, algunos socios propusieron distribuir entre los suscriptores el pequeño capital reunido y poner fin a aquella aventura empresarial.

En esas tristes circunstancias, una tarde de sábado, se inició una discusión. Los miembros del Comité Director expusieron sus ansiedades y emergió la cuestión acerca de cuáles eran los medios más eficaces para mejorar las condiciones de vida del pueblo. Sería demasiado largo relatar la inextricable discusión que sobrevino. Como en las asambleas más famosas, cada orador creía tener su fórmula infalible para la regeneración del género humano.

Los abstemios, por ejemplo, sostenían que lo mejor era abstenerse por completo de consumir bebidas alcohólicas y destinar el dinero así ahorrado al bienestar de la propia familia. La proposición podía haber sido interesante, pero implicaba admitir que en aquél mundo industrial todo se desenvolvía correctamente. Que al obrero le bastaba

---

[1] En 1893, fecha en que apareció la primera edición inglesa de este libro.

con ser sobrio para enriquecerse, que el trabajo estaba suficientemente retribuido y que los patrones no tenían por qué preocuparse mayormente de los intereses de los asalariados.

Desgraciadamente, todas estas afirmaciones eran desvirtuadas por los hechos, y la propuesta de los abstemios fue, por lo tanto, desechada.

Los cartistas, por su lado, estaban convencidos de que la solución pasaba por obtener la Carta del Pueblo, que según ellos era la única vía de salvación. Una vez obtenido el sufragio universal, sería el propio pueblo quien haría las leyes y eliminaría todo aquello que le fuera perjudicial.

Esta propuesta significaba que cualquier otro esfuerzo debía descartarse y que solo se podría labrar la felicidad del pueblo votando a discreción. Pero el progreso social no es una invención de la Cámara de los Comunes, y una carta constitucional no podía decretar la abolición de los males de la sociedad ni tampoco la felicidad de los seres humanos.

La agitación en favor del sufragio universal era contemplada con simpatía por el Comité Director y quizá se habría adoptado si algunos de los socialistas presentes no hubiesen hecho resaltar que el día de la redención estaría aún muy lejos si se debía esperar la sanción de la Carta del Pueblo. En consecuencia, propusieron que los tejedores se unieran en una acción común y emplearan los medios a su alcance para mejorar sus condiciones de vida sin dejar de ser cartistas o abstemios.

Este último criterio predominó. James Daly, Charles Howarth, James Smithies, John Hill y John Bent parece que fueron los principales abogados defensores del cooperativismo en esa discusión. Se realizaron secretamente otras reuniones y se elaboraron planes para abrir un almacén cooperativo de consumo. Nuestros tejedores, cuyo número alcanzaba a 28, cifra que llegó a ser famosa en la historia de la Sociedad de Rochdale, comprendieron que la fuerza del proyecto pasaba por un pacto interno, así que establecieron las bases de la entidad.

Una de las primeras pautas que resolvieron adoptar fue que todas las operaciones se realizarían de acuerdo a lo que denominaban «Principio del dinero al contado», de modo que todo producto se tendría que pagar en el acto. No es difícil darse cuenta de que la acumulación de dos peniques semanales no los colocaba en condiciones de conceder mucho crédito. Pero no fue la falta de fondos lo que les llevó a tomar esa decisión, sino que se trataba más bien de una consideración de orden moral.

El principio del dinero al contado era el resultado de una educación socialista que les hacía considerar el crédito como un mal social, como uno de los malos frutos de la competencia de intereses. Consideraban que la supresión del crédito tendría como consecuencia que las transacciones comerciales fueran más sencillas y, sobretodo, más honestas. Por ello, se declararon unánimemente partidarios de la venta contra entrega inmediata del dinero y nunca más se apartarían de esta norma de conducta.

Copiaron de una institución de Manchester —la Sociedad de Socorros para Casos de Enfermedades y de Sepelios— las disposiciones que más se amoldaban a sus propósitos, introduciendo las modificaciones y anexos convenientes. Lejos de tratar de rehuir responsabilidades, comunistas, abstemios, cartistas y cooperadores se unieron y dieron constitución legal a su sociedad. La entidad fue registrada el 24 de octubre de 1844 bajo el título: *Rochdale Society of Equitable Pioneers* (Sociedad de los Pioneros Equitativos de Rochdale).

Por más maravilloso que sea el éxito que años después alcanzaron, el ensueño de los fundadores al comienzo de la Sociedad era aún más extraordinario. En realidad, aspiraban a transformar el mundo.

Los propósitos de los Pioneros están expuestos en las proposiciones siguientes, y los socios se adhirieron a ellos por unanimidad, adhesión que se confirmó en 1854, según consta en su *Almanaque de la Sociedad:*

1. «La Sociedad tiene por finalidad y por objeto realizar un beneficio pecuniario y mejorar las condiciones domésticas y sociales de sus miembros, mediante el ahorro de un capital integrado por acciones de una libra esterlina, a fin de llevar a la práctica los siguientes planes:

   a) Abrir un almacén para la venta de comestibles, vestido, calzado y otras cosas de uso doméstico.

b) Comprar o construir un cierto número de casas destinadas a los miembros que deseen ayudarse mutuamente para mejorar su condición doméstica y social.

c) Iniciar la fabricación de los artículos que la Sociedad estimare conveniente para proporcionar trabajo a los miembros que estuvieran desocupados o cuyos salarios no alcancen a cubrir sus necesidades.

d) Con el fin de dar a sus miembros más seguridad y mayor bienestar, la Sociedad comprará o adquirirá tierras que serán cultivadas por los socios desocupados o cuyo trabajo fuera mal remunerado».

A continuación, había un proyecto que ninguna nación ha intentado llevar a la práctica y que ningún entusiasta ha podido realizar:

2. «Tan pronto como sea posible, la Sociedad procederá a organizar las fuerzas de la producción, de la distribución, de la educación y de su propio gobierno; o, en otros términos, establecerá una colonia indígena que se bastará a sí misma y en la cual los intereses estarán unidos. La Sociedad ayudará a otras sociedades cooperativas para establecer colonias similares».

Seguía luego una proposición de importancia pequeña, pero significativa:

3. «A fin de propagar la sobriedad, la Sociedad establecerá, tan pronto como sea posible, un salón de templanza, en el que no se venderán licores ni bebidas fuertes.»

Si bien todos esos proyectos presentaban posibilidades de éxito mayores que la abstinencia universal o la Carta del Pueblo, era evidente que había que comenzar por el cobro semanal de la suscripción de dos peniques. En todos los movimientos iniciados por la clase obrera, la mayor dificultad siempre ha sido la de obtener los medios de acción. Pero en este caso, los problemas no se debían al impago de las cuotas, sino a una cuestión geográfica.

Una vez registrada, el número de miembros de la Sociedad se había elevado de 28 a 40, pero se hallaban diseminados por todos los barrios y, sobre todo, por los suburbios de la ciudad. El cobrador de las cuarenta suscripciones debía recorrer, por lo menos, veinte millas una vez a la semana; solo un hombre con la abnegación de un misionero podía asumir semejante tarea. Por poca importancia que su tiempo tuviera, al cobrador le hubiera costado menos, en esas condiciones, abonar él mismo todo el dinero que ir a reclamarlo al domicilio de cada suscriptor.

No obstante, como no había otro medio de recoger los aportes, algunos socios —a pesar de lo pesado de la tarea— se ofrecieron como cobradores y cumplieron honorablemente con su función. La ciudad fue dividida en tres distritos y tres cobradores fueron designados para visitar a los socios, todos los domingos, en su domicilio. A fin de apresurar el movimiento, se introdujo una innovación que entonces dio mucho que hablar. La cuota de dos peniques semanales fue elevada a tres. ¡Al parecer, los cooperadores se estaban volviendo ambiciosos!

Finalmente, los ahorros reunidos alcanzaron la enorme cantidad de 28 libras esterlinas, y con esta suma se inauguraba un mundo nuevo.

Apertura del almacén cooperativo

En 1844, *Toad Lane* (el callejón del Sapo), en Rochdale, no era una calle atractiva; su nombre era merecido. Sin embargo, fue precisamente allí, en los bajos de una casa, donde la Sociedad de los Pioneros Equitativos de Rochdale pudo arrendar un espacio para instalar su almacén social. Los almacenes del condado de Lancaster no tenían en aquella época la importancia que años después adquirirían. El local del que hablamos se alquiló por el precio de diez libras esterlinas anuales, con un contrato por tres años.

Uno de los socios fundadores de la Sociedad, William Cooper, fue designado cajero. Cabe apuntar que su tarea no fue muy pesada en los comienzos; la caja no rebosaba, precisamente. Otro socio, Samuel Ashworth, fue elevado al cargo de vendedor. Las mercancías que podía ofrecer consistían en reducidas cantidades de manteca, azúcar, harina de trigo y avena.

Por fin, en un desapacible día de invierno, el más corto del año, el 21 de diciembre de 1844, los Pioneros de Rochdale iniciaron sus operaciones. Entre los comerciantes del barrio había corrido la voz de que alguien quería hacerles competencia y más de una mirada curiosa se dirigía hacia el callejón del Sapo para ver si asomaba el enemigo. Pero igual que algunos combatientes de mayor renombre histórico, los nuevos enemigos parecían tener vergüenza de aparecer. Aquel día, algunos cooperadores se habían reunido clandestinamente para presenciar la apertura del negocio y estaban ahí, en la trastienda triste e incómoda del almacén. Como conspiradores en los subterráneos del Parlamento, se preguntaban quién sería suficientemente valiente para sacar los postigos y comenzar la distribución de las escasas mercancías.

Unos preferían que no se les encargara abrir el negocio, otros no deseaban ser vistos en el almacén; pero las cosas habían llegado a un punto en que dar vuelta atrás resultaba imposible. Por fin, uno de ellos, decidido camarada, sin preocuparse en lo más mínimo del qué dirán, abrió la puerta del almacén, quitó los postigos y en pocos segundos, el alboroto inundó el callejón.

Quienes a finales del siglo xix vivieron la opulencia del cooperativismo, recordaban aquella extraordinaria inauguración con una sonrisa en sus rostros.

El condado de Lancaster, como París o Londres, tiene sus pillos. Todas las ciudades tienen, en efecto, esos seres característicos que poseen una precoz predisposición para encontrar el lado ridículo en cualquier acontecimiento. En Rochdale, los pillos eran los *doffers*, los que en las hilanderías quitaban las bobinas llenas de los telares; niños de 10 a 15 años de edad. Su labor era tan necesaria como el vapor en las máquinas, ya que sin ellos los tejedores no podrían trabajar. Justamente por eso, cuando la necesidad de un día de ocio se hacía sentir, los obreros, por medio de señales convenidas, advertían a los *doffers*, y estos huían en bandada paralizando el trabajo hasta que regresaban.

La tarde que se abrió el almacén, un puñado de *doffers* acudieron al callejón del Sapo, manteniéndose al acecho con una impertinencia ridícula, burlándose hasta con insolencia de las exiguas provisiones de manteca y harina. Por último corearon: «¡Ah! ¡Los viejos tejedores han abierto su negocio!».

Desde aquella época, dos generaciones de *doffers* han comprado manteca y miel en el «negocio de los viejos tejedores» y han comprado también manjares abundantes e higiénicos, y ropas que jamás habrían podido adquirir si aquél 21 de diciembre de 1844 los tejedores cooperadores no hubieran abierto su almacén con poco más que unos sacos de harina.

Pero bien pronto, nuestros comerciantes en ciernes descubrieron que debían luchar contra obstáculos más serios que las burlas de los *doffers*. Lo exiguo del capital les obligaba a efectuar las compras de mercancías en pequeñas cantidades, en detrimento del precio y de la calidad. Además, algunos socios tenían deudas pendientes con sus

The Pioneer Store in its Original State, 1844.

viejos proveedores, de modo que no podían ni se atrevían a comprar en el nuevo almacén cooperativo.

En fin, como ocurre siempre en esos movimientos, varios socios ponían por delante lo que siempre habían hecho a su propio interés, o no se detenían frente a esas consideraciones, si ello implicaba alguna pena o sacrificio momentáneo.

Hay que admitir que en ciertos casos, la calidad de los productos que vendía el almacén de los tejedores era inferior a la que ofrecían otros comercios, o también, a veces, los precios eran más elevados. Esas consideraciones momentáneas e insignificantes frente a la finalidad perseguida, alejaban a ciertos compradores que solo buscaban el beneficio directo e inmediato. Y es que la pobreza es, con frecuencia, un gran obstáculo para el éxito de las empresas sociales. Para el necesitado, es indispensable que cada centavo se invierta útilmente y produzca todo lo que pueda producir. Costaba demostrar y convencer a la mayoría de los indigentes de que comprando en el

Página anterior:
Imagen del almacén de los Pioneros de Rochdale en su estado
original, en 1844.
Grabado publicado en The history of the Rochdale Pioneers,
George Jacob Holyoake, editado por Swan Sonnenschein & Co.,
Lim., en 1900, en Londres.

almacén cooperativo podría obtener, a fin del ejercicio, la devolución de lo que habían pagado de más. Ellos no creían en el fin del ejercicio y desconfiaban de las promesas de beneficios. Para quien tiene los bolsillos vacíos, la pérdida de un centavo hoy es una cosa inmediata, mientras que la ganancia de seis centavos dentro de tres meses es un asunto lejano. Es indispensable, pues, educar a las personas de escasos recursos antes de poderla servir. Cuanto más humildes son las pretensiones, mayores son las dificultades.

La buena calidad, el peso justo, la medida exacta y las relaciones sinceras y equitativas en el comercio son fuentes de satisfacción que una persona honesta y correcta debería preferir mucho más que la economía de unos centavos realizada en detrimento de las ventajas mencionadas. Por lo general, reclamamos bien alto contra el vicio cuando llega a entronizarse, aunque nada hacemos para impedir que se desarrolle. La primera condición para que existan vendedores honestos es que existan, en primer lugar, compradores honrados.

Nuestro pequeño almacén se interesaba más en mejorar el aspecto moral del comercio que en obtener grandes ganancias. Bajo ese aspecto, la cooperación ha elevado mucho la moralidad de sus adherentes.

Los primeros miembros del almacén de Rochdale eran cooperadores sinceros. Compraban en la cooperativa todo lo que necesitaban, sin fijarse en la distancia que debían recorrer, si los precios eran más altos o más bajos que en otras partes o si la calidad era buena o mala. Esos hombres estaban convencidos del tipo de consumo que querían realizar, y sus esposas, no menos entusiastas, marchaban de acuerdo junto a ellos. Las mujeres experimentaban cierto orgullo de hacer sus compras al contado, sentían que el almacén era de su propiedad y tenían por él un gran interés.

La simpatía de la mujer por el cooperativismo era de suma importancia, pues si ella no se vinculaba a un movimiento de esa naturaleza, el éxito sería muy limitado. En cambio, si el ama de casa accedía a soportar alguna molestia comprando artículos que no satisfacían completamente sus gustos, si aceptaba que el lugar para hacer sus compras fuera un poco más lejos de lo deseable y, si alguna vez aceptaba pagar un poco más caro que en el almacén corriente, el progreso de la cooperativa estaba asegurado.

Los asociados, fieles a sus deberes, estaban naturalmente impacientes de ver a las damas proceder como ellos. No conforme con esta aspiración, hubieran deseado obligar a todos los cooperadores a comprar solo en el almacén social.

James Daly, el secretario, propuso que a los socios que efectuaban sus compras fuera del almacén cooperativo se les devolviera el capital aportado; si no se confiaba en el almacén para el propio consumo, no tenía sentido invertir en él. Pero Charles Howarth se opuso a la adopción de esa medida por la excelente razón de que esta atentaba a la libertad individual. Deseaba, dijo, el progreso de la cooperación y estaba dispuesto a hacer todo lo posible para su desarrollo, pero la libertad era un principio al cual estaba absolutamente atado y antes que abandonar esa libertad, prefería privarse de las ventajas del cooperativismo. La moción de James Daly fue rechazada.

En el desarrollo de esta historia veremos que, entre esos fieles y abnegados cooperadores, el amor a los principios fue la norma y nunca sufrió el menor decaimiento.

En marzo de 1845 se decidió que para el trimestre siguiente, la Sociedad tomaría, en nombre de Charles Howarth, una licencia oficial para la venta de té y de tabaco. Esto significaba, evidentemente, un nuevo pedido de dinero, pues a pesar del aumento de los socios, el capital no alcanzaba para poner en práctica la resolución tomada.

En asamblea general, los dirigentes de la Sociedad expusieron su programa. Por segunda vez en la historia de Rochdale se oyó hablar a individuos que poseían más de dos peniques.

Un socio, alentado por el entusiasmo colectivo, prometió encontrar media corona. «Prometió encontrar», fueron las palabras que empleó. Otro miembro «prometió encontrar» cinco chelines y un tercero «prometió encontrar» una libra esterlina. Este último anuncio fue recibido con verdadero estupor y el rico y temerario autor fue considerado con la veneración que puede inspirar un millonario dotado de la abnegación de un mártir.

Otros socios «prometieron encontrar» diversas sumas en proporción con sus recursos. Por fin, el día señalado, el almacén cooperativo pudo proporcionar a los maridos el consuelo del tabaco, y a las mujeres el del té.

Distribución de los beneficios en proporción a las compras

Finalizaba el año 1845, el primer año de actividad de los Pioneros de Rochdale, y el almacén contaba con más de ochenta socios y un capital de 181 libras esterlinas. El establecimiento se había designado con el nombre de *store*, que quiere decir almacén de provisiones, en oposición al término *shop*, empleado para referirse a los almacenes corrientes.

El capital del almacén recibía un interés de 2,5%, que se elevó a 4% y después a 5%. Una vez pagado el interés y los gastos de administración, se repartían los beneficios restantes entre los socios consumidores, en proporción al monto de las compras efectuadas por cada uno.

Tiene especial interés este sistema de distribuir las ganancias. Corresponde a los Pioneros de Rochdale el mérito de haber demostrado el valor del principio de repartir los beneficios en proporción a las compras y no en proporción al capital.

Alexander Campbell, de Glasgow, fue el primero en descubrir este principio. Lo anunció en 1822 y lo introdujo en el estatuto de la Sociedad de Cambuslang en 1829. El principio de distribuir los beneficios en función de las compras ya figuraba en las reglas de la sociedad de los molinos de Meltham desde 1827; sin embargo, nunca se había llevado a la práctica. Y no se hubiera ejercido en Rochdale sin la acción de Charles Howarth —el que en su momento se opuso a que los socios que efectuaban sus compras fuera del almacén cooperativo fueran expulsados—, quien, al descubrirlo por segunda vez, demostró su importancia e incitó a sus compañeros a que lo adoptaran.

Las invenciones dobles y hasta simultáneas son bastante frecuentes en la historia de la literatura, la ciencia y el comercio. Los poetas y los autores a menudo tienen ideas que consideran propias y se sorprenden al saber que ya antes fueron expresadas por otros. Bell, en Escocia, y Fulton, en Estados Unidos, inventaron simultáneamente el buque de vapor. Eso mismo fue lo que le sucedió a Howarth cuando hizo público el principio expuesto anteriormente por Campbell.

Escocia no había sabido sacar provecho de este principio. En realidad, los escoceses ignoraban que esa ida había nacido en su tierra y solo tuvieron conocimiento de ella cuando el éxito de los Pioneros de Rochdale le dio todo el valor de un gran descubrimiento.

El principio de repartir los beneficios entre los consumidores —sin los cuales no sería posible ningún beneficio— constituía, indudablemente, un vínculo entre el cliente y el almacén, pues el comprador llegaba a interesarse por éxito de la empresa. Además, ese principio formaba parte de los valores fundacionales de los cooperadores, ya que estos se habían propuesto repartir los beneficios entre quienes contribuyeran a producirlos y no entre quienes aportaran mayor capital, como generalmente se hacía.

Charles Howarth hizo resaltar sus argumentos cuando los cooperadores se encontraron ante una disyuntiva. Había dos maneras de gestionar la contabilidad del almacén. Por un lado, se podía abonar a los socios el 5% de los beneficios y vender las mercancías sin ganancia alguna, casi a precio de costo. Por el otro lado, se podía vender a los precios corrientes en plaza y acumular los beneficios obtenidos en favor del comprador, que vería sus compras retribuidas a final del trimestre.

Este último sistema permitía acrecentar el capital, consideración de gran importancia para gente que tenía el propósito de reformar el mundo, cosa que no puede realizarse sin contar con grandes recursos.

El plan propuesto por Charles Howarth fue aceptado a pesar de ser considerado utópico y de no ser tan popular como el primero, pues las personas preferían comprar barato y gozar de inmediato la ventaja de los precios bajos.

En una de sus conferencias sobre el capital y el trabajo, el señor Holmes, de la ciudad de Leeds, relató una historia instructiva, a menudo narrada:

«Durante una crisis en que la miseria azotaba a los irlandeses, el señor Forster se trasladó a Bradford como delegado de la Sociedad de los Amigos, con el fin de aportar ayuda al pueblo.

Encontró gentes hambrientas, reducidas a masticar hierbas marinas. El señor Forster les preguntó si no había más peces en el mar.

—Sí, los hay —le contestaron—, ¡pero no podemos atraparlos porque no tenemos barcos ni redes!

Entonces el señor Forster les proporcionó redes y barcos. De inmediato, esas gentes exclamaron con ansiedad:

—¿Quién nos pagará el jornal?

—Los mismos peces —contestó el señor Forster.

Los desdichados rehusaron ir a la pesca en condiciones tan problemáticas y no dieron comienzo a sus tareas sino cuando el señor Forster les hubo garantizado el pago de salarios.

Las operaciones resultaron prósperas y el señor Forster comprobó muy pronto que los beneficios habían pagado no solo los barcos y las redes, sino que habían dejado un excedente regular. Ofreció entonces a los pescadores dejarles gratuitamente los implementos de pesca, pero aquellos no quisieron aceptarlos, considerando que nada valía tanto como el cobro de un salario.

En cualquier país, los ignorantes no se fían de nada. No conocen más que el dinero sonante. El espíritu suele ser miope como el ojo, y entonces hace falta una especie de telescopio para aumentar el poder de la vista. La experiencia ha demostrado que la cooperación es, precisamente, ese instrumento necesario para millares de individuos».

William Chambers, en un discurso sobre cooperación, expresa esta verdad: «Sin el principio de la acumulación de los beneficios, la cooperación no es más que una cosa insignificante».

Los veinticuatro años de existencia de la cooperación, anteriores a la inauguración del almacén de Rochdale, fueron los días insignificantes de la cooperación.

Primeros progresos del almacén

El número de socios aumentó rápidamente. A partir del 5 de marzo de 1845, el almacén se abrió cinco días por semana y por un número siempre mayor de horas.

El 2 de febrero de 1846 se resolvió abrir el negocio todos los sábados por la tarde, a fin de que los socios pudieran reunirse; y en el mes de octubre del mismo año, se instaló el despacho de carne. La actividad comercial adquiría importancia día a día y exigía más atención de la que podían prestarle los tejedores después de toda una jornada de labor.

Durante 1846, 1847 y 1848, los negocios fueron difíciles a causa de la apatía y de la extrema miseria de los vecinos de Rochdale. A pesar de todo, el almacén realizó progresos. Así se demostraban la bondad y la solidez de las ventajas creadas por la Sociedad. Cuando la vida se hizo más difícil y el precio de los artículos de primera necesidad no paraba de subir, los socios acudieron al almacén cooperativo. A pesar de las penurias, era evidente que la suma de un chelín, pagada para ingresar como socio, y el desembolso de dos peniques semanales producía grandes ventajas, por lo que lo más conveniente era ingresar a la cooperativa. De esa manera fue desarrollándose el hábito de la previsión.

A finales de 1847 se alcanzaron los 110 miembros inscritos en el registro de la Sociedad. El capital era de 286 libras esterlinas y el promedio de venta semanal, en el último trimestre del año, ascendió a 36 libras. La cooperación sorteaba lenta y laboriosamente las dificultades que encontraba en su camino, pero no solamente se mantenía, sino que sus bases se consolidaban día tras día.

El año 1848 trajo algunas penurias públicas, pero también un aumento de socios y de capital. Por aquel entonces, la Sociedad ya no cobraba las cuotas a domicilio, sino que los miembros se reunían, por lo menos, una vez por semana y en esa oportunidad el cajero aprovechaba para cobrar las cuotas. Ni las resoluciones de afuera, ni las pasiones internas, ni las penurias generalizadas impidieron el progreso de este sabio y pacífico experimento.

El local de los bajos del callejón del Sapo quedó pequeño para las operaciones del almacén. Sin embargo, el edificio donde estaba situado el almacén tenía tres pisos y una buhardilla, lo que permitió a los cooperadores alquilarlo en su totalidad, con un contrato por 21 años. En 1849, el segundo piso se designó como sala de reuniones de los socios, que aumentaban diariamente. Se acondicionó el espacio para este fin y fue provisto de la prensa diaria.

El 20 de agosto de ese mismo año se nombró un comité integrado por James Nuttall, Henry Green, Abraham Greenwood, George Adcroft, James Hill y Robert Taylor, a fin de que estableciesen una sección para la venta de libros y de diarios. Los beneficios obtenidos debían ser destinados a la adquisición de libros y de útiles para la Sociedad. En el capítulo especial sobre la educación se detalla el desarrollo prodigioso que alcanzó este germen de institución.

A fines de 1849, el número de asociados llegó a 390. El capital ascendía a 1.193 libras esterlinas y las ventas semanales se elevaban a 179 libras. ¡Al precio de cuántas penas, el principio de la cooperación —tan moralizador como disciplina para el individuo como ventajoso para el Estado por sus resultados— ha hecho su camino en el mundo!

Los gobernantes podrían ahorrarse el trabajo de combatir las ideas nuevas. La experiencia demuestra que, en cuanto una persona manifiesta una nueva idea, otras diez aparecen inmediatamente para aplastar su iniciativa, no siempre por la convicción de que la nueva propuesta es mala, sino por la sencilla razón de que el orden existente no debe ser perturbado. La verdad misma sería rechazada por tales personas si para admitirla necesitaran soportar alguna inquietud.

El ideal cooperativo ha tenido que luchar mucho. Por parte de los gobernantes ha sido considerado como una terrible forma de combinaciones políticas. Los ricos lo entendían como un plan de expoliación, y fue denunciado en pleno Parlamento por los economistas políticos. Y en su contra se han situado siempre la prensa y la Iglesia, opuestas a la competencia que suponen las ideas cooperativas. Así, es preciso seguir luchando para que el cooperativismo llegue a implantarse en el comercio y la industria.

Las dificultades iniciales durante los primeros tres años se debían también a la poca fe en los proyectos de la clase obrera para mejorar su estado. Cooperativas instituidas en otros tiempos en Rochdale habían fracasado y el recuerdo de esos desastres estaba presente. La gente prudente estaba intrigada, pero muchos ignoraban que esas primeras sociedades habían fracasado por haber adoptado el pernicioso sistema del crédito. Por ello, los Pioneros evitaron prudentemente esta causa de fracaso.

No obstante, en Rochdale y en todo el país prevalecía la opinión de que el cooperativismo era una ilusión más, y que los pobres individuos que se habían entregado en cuerpo y alma a la nueva empresa no podían ser más peligrosos que emisarios de alguna conspiración revolucionaria o fanáticos que corrían en pos de su propia ruina, porque eran demasiado ignorantes para darse cuenta de su locura y su torpeza.

Solo después de que los pequeños pero inagotables beneficios de la cooperación se hicieron sentir en distintos lugares, y de que la ciudad fue testigo del hecho inaudito de ver a los tejedores —siempre cargados de deudas— con dinero en el bolsillo para hacer sus compras, la clase trabajadora comenzó a comprender que la idea condenada era capaz de producir dinero. Entonces, todos los que habían pronosticado, a viva voz, la ruina de la Sociedad fingieron haber presentido el éxito y comenzaron a decir que los cooperadores procedían como sabios; que se debía imitar su ejemplo.

Reglas de la Sociedad

El primer reglamento de la Sociedad, publicado en 1844, sufrió algunas modificaciones, pero las ideas fundamentales fueron siempre respetadas:

- La Sociedad es administrada por un presidente, un tesorero y un secretario, elegidos cada semestre. Hay además tres administradores, cinco directores y varios verificadores de cuentas.
- Todos los funcionarios se reúnen cada martes a las ocho de la noche, en la sala del Comité Director, en el almacén de la Sociedad, en el callejón del Sapo, para considerar los asuntos y las operaciones societarias.
- Los primeros lunes de enero, abril, julio y octubre tienen lugar las asambleas generales de socios. En ellas, los funcionarios presentan sus informes trimestrales con la especificación del monto de los fondos sociales y del valor de las mercancías en existencia.

- Los funcionarios no pueden, en ningún caso y bajo ningún pretexto, vender o comprar artículo alguno, si no es al contado inmediato. Todo funcionario que no respete esa disposición sufrirá una multa de diez chelines y será considerado indigno de desempeñar las tareas de su función.

La única disposición que no estuvo sujeta a la austeridad y que no representaba un sacrificio personal en las reglas de la sociedad naciente fue la institución de una reunión general anual, seguida de una cena a un chelín por cabeza, con el fin de celebrar el aniversario de la apertura del almacén. En 1847, esa cena fue reemplazada por un desayuno.

Pero también había conductas penalizadas en el reglamento de 1844. El perjuicio causado a la Sociedad por la ausencia de un administrador o de un director en las reuniones del Comité Director fue fijado en una multa de cinco peniques. Esto indica que la Sociedad creía sufrir solo una pérdida pequeña si los directores no se presentaban a las reuniones. Sin embargo, esos directores demostraron que sus servicios valían mucho más que el bajo precio que se les había asignado.

Anualmente, la Sociedad de los Pioneros de Rochdale editaba un *Almanaque de la Sociedad* que reflejaba sus progresos y sus vicisitudes. En él se exponían las reglas establecidas para la admisión de los socios, la distribución de los beneficios y las medidas a adoptar en casos de divergencias.

Admisión de socios

- Toda persona que desee ingresar en la Sociedad debe ser presentada por dos socios. Verificado el nombre, la profesión y el domicilio del postulante, este, en persona, el día anterior a la realización de la Asamblea General, se debe presentar en la sala de reuniones, donde confirmará su propósito de suscribirse a cinco acciones, de una libra esterlina cada una, y de respetar el reglamento de la Sociedad. En el acto hace un depósito que no puede ser inferior a un chelín y el nuevo socio adquiere un ejemplar del Estatuto de la Cooperativa.

  Luego, la Asamblea General se pronuncia, por mayoría, sobre la admisión o rechazo del solicitante.
- La suma abonada por derecho de ingreso es devuelta a todo candidato rechazado.
- La persona que ha sido propuesta como socio y que antes de dos meses no se presenta a la administración, abandona el derecho de ingreso y no puede ser admitida hasta después de presentar una nueva solicitud.
- Cada socio debe abonar, por lo menos, tres peniques semanales o tres chelines y tres peniques trimestrales hasta que integre el importe total de cinco acciones.

LOS «PIONEER

El 21 de diciembre hizo noventa años que aquellos modestos «equitativos pioneros», como a sí mismos se denominaron, fundaron la Cooperativa de Rochdale.

No puede faltar en esta efemérides el recuerdo de los cooperadores españoles a los fundadores de la cooperación moderna, aquellos modestos obreros que, a pesar de la situación de miseria en que se encontraban, supieron luchar no sólo por su mejoramiento social y económico, sino por el de todos, sentando las bases para que las generaciones futuras crearan un mundo nuevo en el que la riqueza esté más equitativamente distribuída.

Nuestro mejor homenaje a aquellos héroes ha de ser siempre el seguir su ejemplo de abnegación y sacrificio en pro del ideal que tan magníficamente supieron exponer y realizar, en la medida que les fué dable, luchando contra toda clase de adversidades y aprovechando el éxito de su obra cuando ésta empezó a ser reconocida y estimada por las gentes.

Para seguir su ejemplo es preciso conocer su obra. Procurar este conocimiento es labor que incumbe a la prensa cooperatista. He aquí por qué creemos oportuno en esta ocasión reproducir en EL COOPERADOR la síntesis de cómo iniciaron su labor los *pioneers* de Rochdale, que se publicó con motivo del X Día de la Cooperación internacional por las Cooperativas madrileñas.

Hela aquí

«Rochdale es una población modesta, situada al lado de Mánchester, en Inglaterra, a la cual corresponde el honor de ser la cuna de la cooperación. Allí hubo una célebre huelga de tejedores que constituyó un desastre para los trabajadores. En medio de la desesperación de las gentes por este desastre, había obreros que no perdieron la serenidad y que aconsejaron la organización de una Cooperativa. El principal defensor de esta idea fué Carlos Howarth, socialista, discípulo de Roberto Owen.

Después de muchas discusiones se decidió abrir una tienda; pero a la consideración de todos se imponía esta importante cuestión ¿Cómo reunir el capital indispensable para comenzar las operaciones? Los organizadores de la Cooperativa eran pobres tejedores, cardadores, sastres, zapateros que se encontraban en paro forzoso. Al fin se decidió constituir aportaciones de una libra esterlina, pagaderas a razón de dos peniques por semana. ¡Dos peniques semanales! Reflexionad, cooperadores, sobre la importancia de este esfuerzo. Tres obreros fueron designados para recaudar estas cotizaciones. ¡Cuántos kilómetros recorrerían a lo largo de fangosas y desniveladas calles para reunir, durante largos meses, estas pequeñas cotizaciones! Gloria y honor a estos bravos luchadores, que nunca sustrajeron un céntimo a sus compañeros! ¡Gloria y honor a los hombres y mujeres que semana tras semana, con una fuerza poderosa de voluntad y privándose de lo más indispensable, entregaron estas pequeñas cantidades, movidos por la única esperanza de encontrar algún día un beneficio para sus hijos

Bien pronto el ideal fué ganando voluntad tan grande la fe y la confianza en el porvenir d llos modestos obreros, que decidieron cotizar niques por semana, *reuniendo esta cantida fuera posible,* a fin de comenzar en seguida raciones. Cada uno comunicaba a los demás su y proyectos, que luego discutían juntos. De aq voroso entusiasmo había de salir un progran bre el manifiesto de los *pioneers.*

Las cotizaciones de tres peniques hicieron aumentar *considerablemente* el capital social. En vista de ello, fué necesario pensar en buscar local para el despacho. La elección cayó bien pronto sobre una casa situada en el callejón del Sapo. Se dice que el nombre de Almacén de los *Pioneers* existía ya antes de ser ocupado por los cooperadores. Había servido, al parecer, de depósito a un regimiento de *pioneers* (zapadores), de guarnición en Rochdale. Fué alquilado el piso bajo de la casa por tres años, a razón de 10 libras por año, a soldados de otra causa, que habían de sostener una lucha mucho más áspera que los anteriores vecinos.

Alquilada la tienda, se imponía el nombrar los *funcionarios* Los deberes no eran muy pesados. Fué promovido para el cargo de *vendedor* Samuel Eschworth. Las mercancías que tenía que despachar eran poco numerosas hari- na, manteca, azúcar, avena. Cuatro mercancías. Cantidad insignificante. Era imposible hacer 14 libras que quedaron en caja, después de p gastos de la instalación del famoso despacho.

He aquí un grabado Cooperativa THE E

Parecía que todo estaba ya hecho para e Pero faltaba lo mejor, lo más difícil abrir la Nadie se atrevía. Había circulado por la pobl voz de que unos *descamisados tejedores* se pr reformar el mundo abriendo una tienda de bles. Un grupo de gentes se congregaba fren cal. Destacaban una bandada de chiquillos, ces de las fábricas de tejidos. Todos esperaba cientes la apertura. Y mientras, los miembro Cooperativa, tan numerosos como las mercan unidos en el interior, como conspiradores que perseguidos. Todo estaba decidido, pero ¿quié frente al público? Se estimulaban unos a otr ninguno se decidía. La tradición dice que fué

DE ROCHDALE

la única mujer afiliada entonces a la Coopera-
-la que abrió las puertas; pero hemos de dar
al gran historiador de la cooperación Holyoha-
cual refiere a este respecto lo siguiente : «Se deci-
fin, un muchachón, que sin reflexionar sobre
secuencias abrió las puertas. Había que oír el
que al momento lanzó la multitud. ¡Y cómo
vían los pícaros pilluelos ! Hacían muecas de
se asomaban a las ventanas, saltaban delante

en el primer local de la
S OF ROCHDALE, el

de la puerta, asomando la
cabeza. Varias mujeres entraron en el despacho pi-
diendo cosas de las cuales,
de antemano, sabían que no
había existencias. Su intención era poder contar a las
que estaban en la calle las
mercancías que se vendían y
poderse reír de nuestras pobres reservas y de nuestros
estantes vacíos. Cuando se
dispersaron los grupos era
unánime el pensar sincero de
las gentes. Todos se decían :
la Cooperativa no dura una
semana.» Acontecían estos
hechos el 21 de diciembre de
1844. Eran 28 cooperadores.
Habían reunido 700 pesetas.
Hoy se han convertido en
Inglaterra en 7.000.000 de
cooperadores, con un capital
fabuloso, tanto, que constituye la Empresa comercial e
industrial más poderosa y el
propietario más rico de todo
el Reino Unido. Y en el
mundo están ya agrupadas
100.000.000 de familias que
siguen los principios y la
orientación d e aquellos pobres tejedores.

Cuando los audaces *pio-
neers* miraban su pequeño
cho, que era como una pequeña barca en medio
ar, la perspectiva no se les presentaba muy ri-
. Todo estaba en contra suya. El despacho no
nada de seductor. Es verdad que las pobres gen-
e entonces no tenían el hábito de comprar en
josos almacenes a que nosotros estamos acos-
racos. Sin embargo, es indudable que los co-
antes tenían mejor instalados y surtidos sus
chos que el del callejón del Sapo. Además, no
osa fácil para las mujeres andar un kilómetro
ir desde su casa a la Cooperativa, pasando por
erta de numerosos comercios bien instalados, cu-
scaparates les mostraban, seductores, los artícu-
ue necesitaban. Y todo para que, al fin del fati-
viaje, se encontraran con que *no vendían queso,
ban tener una bolsa o dos de harina para ma-
. y contestaciones parecidas, porque lo recorda-

réis no se vendían más que cuatro artículos.

Otro inconveniente . con tan escasos medios no se
podía comprar, ni aun limitando la existencia a cuatro mercancías, en buenas condiciones. Ello les obligaba a vender a precios más caros que los comerciantes. Y como todos eran muy pobres, esto les era muy
penoso. En estas condiciones era fácil el chiste del ve-
cino o del compañero escéptico sobre las ventajas que
les proporcionaba *su comercio*

Pero, a pesar de todo, la empresa salió adelante.
Fué el fruto de la fe en una idea. Aquellos pobres
obreros, aquellas valientes mujeres estaban firmemen-
te convencidos de que los esfuerzos y sacrificios que
realizaran no serían vanos. De noche soñaban que
llegarían tiempos mejores. De día trabajaban por al-
canzarlos. Trabajaron por el bien ; pero no por el bien
suyo solamente, sino por el bien de todos, por el bien
de nosotros también.

Inspirémonos en su conducta y en su obra !

Noventa años de construc- ción colectivista

Los hay que celebran aniversarios de guerras, bata-
llas y hechos acaecidos en relación al sentido de la
fuerza organizada. Nosotros, más modestos en el sentido truculento y más prácticos en el sentido pacifista,
nos decidimos a celebrar el noventa aniversario de la
fundación de la Cooperativa *Los Pioneers*, de Rochdale, acontecimiento que marca el hecho que hayan
transcurrido noventa años de construcción colectivista.

La celebración del aniversario del acontecimiento
rochdaliano estamos seguros que no traspasará las
fronteras del cooperatismo, ya que él no se hará
con ruido ni alharacas, única forma de atraerse la
atención del gran público, que es como un bosque
inmenso, donde acuden todos los pretendientes a cons-
tructores de pueblos para sacar leña con que avivar
el fuego de sus manías. No ; el público no será con
nosotros en la celebración del magno acontecimiento
de la cooperación. El, como niño grande, pero niño
de verdad, acaso no nos entendería en este acto de
acogimiento íntimo, que nada tiene de religioso ni de
apoteósico. A él ya le llamaremos para que nos preste
el concurso para proseguir la obra colectivista en que
estamos empeñados en hacer triunfar en todo el área
mundial.

Decimos esto, porque, de verdad, queremos hacer,
en esta conmemoración, como los *pioneers* ser pocos y decididos, que siendo la obra sana, ya vendrán
después poco a poco los que nutrirán nuestras filas,
haciendo crecer el número de los cien millones actua-
les en muchos más en un próximo porvenir. Vendrán,
no nos quepa la menor duda. Sentirán la necesidad de
venir a la cooperación, porque, aunque en apariencia
las condiciones de vida son diferentes de cuando los

rochdalianos emprendieron su obra, podemos decir que la necesidad de acrecer las comodidades de la vida son iguales o mayores.

Entonces, los obreros ganaban un jornal inmensamente mucho más pequeño que ahora. Según relata Antonio Gascón y Miramón, en su *Historia de los cooperadores de Rochdale*, «el año 1841 la miseria alcanzó su horror máximo». Tratando de la tal miseria, «en el Parlamento inglés se hizo constar que aquel año había en Rochdale ciento treinta y seis personas que vivían con un salario de seis peniques a la semana (62 céntimos); doscientos con diez peniques; quinientos con un chelín; ochocientos cincuenta y cinco con un chelín y seis peniques, y mil quinientos con un chelín y diez peniques; todos por semana». El dinero tenía más valor que ahora. Es muy cierto. Pero aun suponiéndolo cinco veces mayor, o sea que un penique equivaliera a media peseta de nuestros días, siempre resultará que había en Rochdale tres mil doscientos obreros que vivían acaso peor que como se viviría hoy en España con salarios de tres a once pesetas a la semana»; razonamiento nada más que un poco variable hoy que cuando el Sr Miramón escribió su historia.

Basándonos en este dato histórico y siguiendo todo el relato de llibro citado, comprendemos la significación redentorista de los iniciadores del cooperatismo moderno, el cual parece que vive la misma actualidad de los *pioneers*, los cuales, en un manifiesto publicado poco antes de inaugurar su tienda, decían, en uno de sus párrafos. «Tan pronto como sea posible, esta Sociedad procederá a organizar las fuerzas de producción, distribución, educación y gobierno, o, en otros términos, a establecer una colonia autónoma, en que los intereses sean solidarios, y ayudar a otras Sociedades en el establecimiento de colonias semejantes.»

Suprimamos la palabra colonia, muy en uso en aquella época, y pongamos en su sitio Cooperativa, y tendremos la realidad actual, en la cual, si bien ganamos más jornal que en aquel entonces, sentimos con la misma intensidad el ansia de independizarnos del sistema capitalista formando comunidades colectivistas, por medio de las cuales llegar al cumplimiento de todas nuestras necesidades materiales y espirituales como educativas; también en este último aspecto como los veintiocho iniciadores de la cooperación, los cuales decían al cabo de veinte años de su fundación, en su almanaque· «Emplead el tiempo libre, lo mejor que podáis, en vuestro progreso intelectual, con cuyo objeto han sido creadas nuestras bibliotecas y salas de lectura.»

Cuánta razón tenían aquellos predecesores nuestros en instigar a los obreros al acrecentamiento intelectual, ya que sabemos que el reglamento de su Cooperativa fué rechazado varias veces porque en el mismo se hacía constar la palabra educación, cosa que se prohibía en Inglaterra en aquel tiempo a todas las instituciones obreras. De forma que, según la His-

toria, los obreros, según la ley o sus interpretadores, no se podían procurar una cultura propia ganada en una convivencia colectiva y para la intensificación de sus ideas de redención social.

Si no en el sentido escueto de la cultura, pero sí en el sentido general de nuestra emancipación, el mundo burgués de la actualidad parece retrotraerse a aquellos tiempos del 1844, en su afán de no dejarnos adelantar. Claro está que si bien la pugna burguesa es grande, y a pesar de que en algunos países, con su poder omnímodo y el llamado Estado totalitario, han pretendido arrebatarlo todo, hemos visto la paradoja de que la fuerza burguesa ha tenido que reconocer a la cooperación como un elemento de regulación para no caer en el caos de órdenes estatales, que disponen mucho y regulan poco.

No nos extraña el fenómeno, ya que sabemos que no es en balde que vayan a cumplirse noventa años de construcción colectivista, la cual tiene ya sus raíces puestas en la conciencia humana, resistiéndose y acrecentándose a través de todos los regímenes, lo que da a la cooperación colectivista estado de perennidad y de fecundación eterna. Por algo es hija del pueblo y, por lo tanto, exenta de artificio y de elucubraciones mentales de enfermos que se creen predestinados a regir pueblos, cuando lo que hacen es entorpecer la lenta, pero segura, creación del pueblo.

Convengamos, pues, que los pocos rochdalianos iniciaron un mundo nuevo, el cual, después de noventa años, se muestra indestructible, a pesar de los saetazos que se le dan desde distintas partes, una de las partes que más aprieta es la representada por el capital, genuina representación de la burguesía. Si este mundo creado por la cooperación, que no hemos enumerado por no cansar la atención del lector, fué iniciado con la aportación de unos peniques en forma de cuotas, podemos decir que hoy, que cuenta con millones, puede ir con velocidad vertiginosa acreciendo el caudal colectivista que admira el mundo que sabe apreciar las grandes obras de la economía.

Así es, pues, que aunque en el aniversario de la fundación de la Cooperativa de Rochdale el pueblo esté exento y tenga sólo acontecimiento íntimo, no por eso hemos de desconfiar del concurso de él, el cual sabe siempre ayudar a los buenos con tenacidad, como viene ayudando desde noventa años la obra que fundaron los discípulos de Owen y de King.

Juan ROVIRA

(De *Acción Cooperatista*.)

- El miembro que acuse negligencia en los pagos, por causas que no sean de enfermedad, desgracia o falta de trabajo, está sujeto al pago de una multa de tres peniques.
- Los intereses y los beneficios que corresponden a los socios se retienen en la Sociedad hasta que haya integrado el importe de las cinco acciones suscritas.
- De las cinco acciones de cada socio, dos constituyen un capital fijo y permanente.
- Las otras acciones pueden ser retiradas, previa autorización de la administración.
- Los reembolsos de las sumas superiores a cinco acciones (cinco libras esterlinas) se satisfacen de acuerdo a las proporciones siguientes:

  - Hasta una libra y cinco chelines, presentándose en la administración;
  - De una libra y cinco chelines a dos libras, dos semanas después de la solicitud;
  - Por sumas más elevadas, después de un plazo más largo
  - De 40 a 45 libras, doce meses después del pedido.

Págs. 60-62:
Artículo publicado en diciembre de 1934 en la revista
El Cooperador (núm. 12, Madrid), en conmemoración del noventa
aniversario de la apertura del almacén de la Sociedad de los
Pioneros Equitativos de Rochdale, el 21 de diciembre de 1844.

- Ningún asociado puede poseer menos de cinco acciones ni más de doscientos cuarenta. Las obligaciones *(debentures)* son ilimitadas.

Distribución de los beneficios

La devolución de los beneficios se efectúa trimestralmente, después de haber descontado:

- Los gastos de administración.
- Los intereses sobre los capitales obtenidos en préstamo.
- El porcentaje de amortización sobre las mercancías en existencia.
- Los intereses al capital accionario.
- Las reservas para la extensión de las operaciones.
- El 2,5% de la suma restante, para ser empleado con fines de educación general.

Este último descuento constituía el rasgo más característico del serio propósito de los cooperadores de trabajar por su perfeccionamiento intelectual.

Ese 2,5% —reservado trimestralmente de los beneficios a distribuir entre los asociados, unido a las multas cobradas por infracciones al reglamento de la Sociedad— formaba el fondo especial de educación para el desarrollo intelectual de los socios, para el sostén y fomento de la biblioteca, y para cualquier otro medio de acción educacional que se estimara conveniente.

Los beneficios restantes se dividían entre los socios del almacén en proporción al monto de las compras efectuadas por cada uno durante el trimestre. Los Pioneros también establecieron un fondo de reserva formado por las cuotas de ingreso de un chelín que abonaban los nuevos socios. Además, también iba a este fondo una retención de un chelín por cada acción que los socios que decidían abandonar la cooperativa debían dejar al retirar sus dos últimas.

Las compras efectuadas por personas no asociadas procuraban beneficios que iban al fondo de reserva, con el objetivo especial de hacer frente a la depreciación de las mercancías en depósito.

En todos los informes financieros de la Sociedad se tuvo muy en cuenta la amortización de las mercancías. Las existencias se estimaban siempre en algo menos de su valor real, de modo que si la Sociedad quebrara, cada accionista recibía integralmente los 25 chelines de su acción.

Medidas de orden

- Todas las cuestiones y controversias eran resueltas:

  - Por los directores.
  - Por apelación ante la Asamblea General.
  - Por arbitraje.

- El Consejo de Directores podía suspender, como asociado, a toda persona cuya conducta fuera perjudicial a los intereses de la Sociedad. La Asamblea General podía expulsar a un miembro perturbador y era muy difícil que pudiera ser readmitido.

- Las quejas y observaciones referentes a la calidad, al precio de las mercancías o a la conducta de los agentes de la Sociedad, debían dirigirse por escrito a los directores, quienes decidían el asunto de común acuerdo.

  Si la cuestión no se resolvía satisfactoriamente, el asunto era llevado ante laa Asamblea General, donde se decidía sin derecho a una nueva apelación.

Como ya se ha señalado, hubo desde un principio, y como es natural, una cierta competencia entre los Pioneros y los comerciantes; pero el almacén seguía su ruta, leal y pacientemente, no entregándose nunca a ninguna de esas maniobras que resultaban funestas tanto para quienes vendían como para quienes compraban. Cualquiera que fuera el precio que otros almacenes establecían para la venta de sus artículos, los Pioneros no se inmutaban.

Sus prudentes máximas eran las siguientes:

«Para nuestra salvaguarda debemos vender con provecho: es la primera condición de nuestra honradez. Si vendiéramos un determinado artículo con alguna pérdida, nos veríamos obligados a recuperarla secretamente sobre otra mercancía.

Hagan lo que quieran los comerciantes, no entremos en esa vía. No pretendemos vender al precio más bajo; nuestra voluntad es la de comerciar con honestidad».

Y los hechos les dieron la razón.

Vanos esfuerzos del espíritu sectario

En 1850, uno de los antiguos enemigos de la paz social —el espíritu sectario— hizo su aparición entre los cooperadores y comenzó a ejercer sobre ellos su influencia disolvente.

El rápido incremento del número de asociados había traído a la Sociedad ciertos partidarios de las ideas evangélicas. Esos nuevos miembros demostraron no haber sido educados en la escuela de la tolerancia práctica. La idea de dejar a sus compañeros la libertad que ellos mismos disfrutaban les era completamente extraña y no tardaron en proponer el cierre de la sala de reuniones los domingos y prohibir toda polémica o controversia religiosa.

Los audaces y liberales cooperadores, a cuyo buen criterio y abnegación se debía la creación y el desarrollo de la Sociedad, eran contrarios a la adopción de esas restricciones. Valoraban la libertad moral más que cualquier ventaja de orden personal, y veían con terror la introducción de una fatal causa de discordia que ya había destruido tantas buenas instituciones y había dificultado a menudo las más bellas perspectivas de éxito mutual.

La cuestión fue llevada ante la Asamblea General celebrada el 4 de febrero de 1850. (Se citan las fechas de los principales acontecimientos que se relatan porque marcan las etapas históricas recorridas por los cooperadores de Rochdale). En dicha asamblea, para asegurar la prosperidad de la Sociedad, se tomó la siguiente determinación:

«Cada asociado tiene plena libertad de expresar en las reuniones sus sentimientos sobre cualquier asunto, siempre que lo haga en el tiempo oportuno y en la forma adecuada. Todos los temas son legítimos cuando se exponen convenientemente».

El motivo de esa memorable resolución se explica por el sentimiento de alarma que turbaba el espíritu de los asambleístas. Repetían esas mismas palabras en voz alta en su esfuerzo para asegurar la libertad moral, tan necesaria para la conciencia y el progreso. Ya en 1832, en los comienzos del movimiento cooperativista inglés, el tercer congreso, reunido en Londres, había sancionado una resolución análoga:

«Considerando que el mundo cooperativista está formado por personas pertenecientes a todas las sectas religiosas y a todos los partidos políticos, se resuelve, por unanimidad, que los cooperadores, sin excepción, no se identifiquen con ningún principio: religioso, antirreligioso, político, ni aun con los de Robert Owen ni los de ninguna otra persona».

En toda época, el espíritu sectario ha sido el veneno y la ruina de la unión de los intereses públicos. La cooperación era imposible sin el espíritu de tolerancia hacia todas las opiniones.

Desaparecidas esas tormentas teológicas, la Sociedad reanudó su marcha regular. En abril de 1851, siete años después de su inauguración, el almacén abrió sus puertas por primera vez durante todo el día. William Cooper fue nombrado superintendente, y James Standring fue designado como dependiente del almacén.

Ese año, los miembros de la Sociedad ascendieron a 630 y el capital alcanzó la suma de 13.925 libras. Desde entonces, el aumento del número de socios, del capital y de los beneficios se operó en tales proporciones que superó toda previsión.

Los miembros de la oposición

El milagro realizado por los cooperadores de Rochdale consistía en que, a pesar de diferir en sus convicciones, habían tenido el buen criterio de no disgregarse. Disensiones y hasta odios se elevaron, pero aun así, siempre permanecieron fieles al vínculo social que les unía.

En la clases obrera, como en cualquier otra clase social, se encuentran personas extrañas que parecen haber nacido bajo una mala estrella. Llevan consigo la hostilidad, la desconfianza, la discordia. Quizá no lo deseen, pero no pueden evitarlo. Tienen un acento duro, parecería que su voz no estuviera hecha para emitir ningún sonido melodioso. Jamás testimonian cordialidad ni satisfacción. Las líneas de sus rostros denotan la divergencia de sus opiniones; sus labios parecen siempre listos para pronunciar una censura y sus cejas fruncidas reclaman incesantemente procedimientos distintos a los que presencian.

Estos seres son como una especie de erizos sociales cuyas púas están continuamente prontas a herir a quien fuera. Las funciones de la vida les aparecen invertidas, pues ven las cosas al revés. El camino más recto lo suelen ver lleno de curvas.

Saben que toda palabra tiene dos sentidos y siempre toman el significado que no se había querido darle. Aunque no ignoran que un documento no puede consignar todos los detalles, buscan precisamente esos detalles irrelevantes que no se había considerado oportuno mencionar y fingen ignorar el verdadero fondo del asunto.

En principio, si ingresan en una sociedad, aparentemente lo hacen para aportar su concurso, pero en realidad no hacen más que criticar sin tratar de mejorar lo que encuentran deficiente. En vez de ver lo que hay de bueno en la sociedad, para utilizarlo en la defensa mutual, buscan los puntos débiles para exponerlos al enemigo común.

En el caso de la Sociedad de los Pioneros Equitativos de Rochdale, las divergencias de este tipo de personas con los otros socios eran causa de continuos desagrados, de manera que su presencia en la Sociedad constituyó una verdadera calamidad pública. Se tenía la impresión de hallar más tranquilidad y más paz entre enemigos declarados que entre semejantes aliados.

Personas de ese temperamento no cesaban de predecir la ruina de la empresa y hacían todo lo posible para que sus profecías se cumplieran. En este caso, no dejaban de poner palos en las ruedas y pretendían que hubiera que testimoniarles admiración y agradecimiento por la ayuda que habían prodigado.

En definitiva, para ellos, la cooperación no era otra cosa que la irritación organizada. En vez de guiar a los ciegos, de sostener a los inválidos, de socorrer a los débiles, de estimular a los tímidos o de reconfortar a los desesperados, se pasaban los días pisando los pies de los gotosos, arrojando escaleras abajo a los inválidos, y espantando a los indecisos diciendo que todo estaba perdido.

Un cierto número de esos falsos apóstoles puede hallarse en la mayoría de las sociedades. Son pocos, pero parecen indestructibles. Son los asaltantes en el gran camino del progreso, alarman a los viajeros, los detienen y los despojan de sus esperanzas. Son los traidores de la democracia. Solo personas cuerdas y fuertes pueden vencerlos o evitarlos.

Los cooperadores de Rochdale comprendieron muy bien a esta clase de individuos. Hallaron algunos en sus filas, los soportaron, trabajaron con ellos sin preocuparse demasiado de sus discursos, considerándolos como accidentes de ruta, dirigiéndoles en ciertas ocasiones una palabra cordial, pero sin detener por ellos su marcha progresiva.

A imagen de Diógenes, que demostraba el movimiento andando, los Pioneros de Rochdale respondieron a las continuas críticas con el éxito de su obra. Cualquiera que ingrese en una sociedad popular debe estar preparado para tener socios como los que se han mencionado. En el fondo, esos personajes son útiles a su manera, por cuanto actúan como esos «pesos muertos» con los cuales el arquitecto social comprueba la fuerza de su nueva construcción. Se ha hecho referencia a esta clase de individuos porque su presencia entre los Pioneros indica que los cooperadores de Rochdale no se vieron siempre en circunstancias excepcionalmente favorables, al contrario. Experimentaron todas las dificultades inherentes a las obras humanas.

Al respecto se citan dos ejemplos:

- Las reuniones de asociados eran, en realidad, una especie de Parlamento del Trabajo, no sin importancia, ya que algunas de esas asambleas contaban con un número de asistentes tres veces mayor que el de la Cámara de los Comunes. Todas las críticas proverbiales en Inglaterra, todas las murmuraciones —que dicen ser uno de los rasgos del carácter nacional—, todas las rivalidades de los partidos democráticos se reproducían en esas asambleas.

  En el parlamento del almacén, el jefe de la oposición demostraba, a menudo, no tener compasión con el jefe de la mayoría. Un día, el amigo Ben, un miembro muy conocido de los cooperadores, llegó a ser jefe de la oposición. Nada lo satisfacía, pero nunca explicaba la causa de su descontento. Parecía sospechar de todo el mundo sin que una sola palabra expresara su pensamiento. Daba vueltas por todas partes, inspeccionaba todo, dudaba de todo. Su desaprobación se manifestaba con ciertos movimientos de cabeza.

Era como para creer que la dirección de la Sociedad se derrumbaría ante sus severos juicios.

Más sabio y prudente que muchos críticos, Ben se abstenía de hablar hasta no sentirse bien seguro de lo que quería decir.

Después de dos años en esa situación, las nubes se disiparon y Ben recuperó el uso de la palabra, al mismo tiempo que la confianza. Reconocía que sus ahorros personales en la Sociedad habían aumentado a pesar de su desconfianza y por ello no podía seguir criticando a una institución que lo enriquecía.

- Otro defensor del movimiento democrático hablaba con mucho heroísmo. Muy distinto a Ben, aturdía en las asambleas con sus discursos interminables. No podía probar, decía, que las cosas anduvieran mal, pero no podía admitir que todo marchase con corrección.

  Se le invitó a asistir a las reuniones del Consejo de Administración y hasta fue electo miembro del mismo. Se estimó que debía no solo comprobar si todo iba bien, sino hacer las cosas él mismo para conocer las dificultades.

  Aceptó la designación con desagrado, pues temía ser engañado. Durante todo el período en el que fue director se sentaba de espaldas a sus colegas y expresaba sus opiniones en esa posición y actitud inconveniente y desagradable. Es difícil hallar un más perfecto modelo de opositor.

Finalmente, fue conquistado por la violencia más legítima: la del éxito. Cuando llegaron los dividendos los miró con atención, su mal humor se calmó y embolsó el dinero. A partir de ese momento, si bien no llegó a manifestar que los negocios iban bien, dejó por lo menos de quejarse.

La Sociedad del Molino Harinero

En 1850 quedó constituida en Rochdale una nueva sociedad cooperativa, a la que los Pioneros dieron su apoyo con hombres y dinero.

Esa nueva cooperativa se denominó Sociedad del Molino Harinero del Distrito de Rochdale. Su propósito era el de suministrar a los socios y a los consumidores harina pura y de primera calidad, a un precio igual al ofrecido por los comercios de la región, además de repartir los beneficios de esas operaciones entre los socios, en proporción a sus compras, después de haber pagado un interés del 5% anual.

Su estatuto fue establecido sobre las mismas bases que el de la Sociedad de los Pioneros. Fue, principalmente, obra del sagaz Charles Howarth, el mismo que seis años antes había trazado las reglas de la cooperativa de Rochdale.

Howarth era un simple obrero, pero también una especie de piloto para los Pioneros. Consagraba sus noches al humilde trabajo de la codificación. Era uno de esos hombres que se entregan al examen detenido de las cosas hasta concluirlas con toda claridad.

La Sociedad de los Pioneros suscribió, de inmediato, acciones de la nueva entidad por un valor de cien libras esterlinas, pero pocos meses después duplicó esa cantidad.

Las 200 libras aportadas por los Pioneros representaban una gran suma, si se tiene en cuenta que su almacén tenía solo seis años de existencia. Cada acción daba derecho a tener un representante en la Sociedad del Molino Harinero y los Pioneros tomaron sus acciones a nombre de algunos socios. Este ejemplo fue seguido por otras sociedades. Cuando fueron suscritas mil libras esterlinas, la nueva sociedad dio comienzo a sus operaciones en un viejo edificio arrendado, llamado Molino de Holme.

Aunque nunca hubo empresa más obstinada que esa, la harina producida no resultaba buena. El molino no daba provecho y los beneficios no aparecían.

Había dos problemas principales. Por un lado, el jefe molinero no poseía habilidad industrial, cosa que dificultaba mucho la viabilidad de la Sociedad. Pero, por otro lado, y más importante si cabe, al no disponer de mucho capital, la nueva sociedad se vio obligada a comprar el grano a quien le concediera crédito y no a quien pudiera suministrarle mejor calidad. Así, la Sociedad compraba trigo caro y de calidad inferior.

A pesar de esa situación desfavorable, el molino llegó a producir, a veces, harina de buena calidad. Pero cuando esto sucedía, los compradores solían rechazarla por su aspecto, pues la Sociedad la entregaba pura, sin ninguna mezcla, y en esas condiciones la harina no era tan blanca como la que se ofrecía en otros lugares. Los compradores la llamaban «harina amarilla». Si no sabían reconocer sus cualidades a simple vista, tampoco sabían apreciarla por su sabor. Nunca, hasta entonces, los socios habían tenido ocasión de emplear harina pura y se necesitó algún tiempo para convencerlos.

En 1851, los Pioneros comenzaron a hacer adelantos de dinero al molino y a recibir harina pura. Pero esta no tenía aceptación entre los consumidores, por lo que pronto se suprimió su venta en el *store*.

Este es uno de los efectos de la codicia individual, de la que se encuentra rastro en casi todas las experiencias humanas. Sin duda alguna, es un sacrificio pagar un artículo más caro que el precio corriente, pero es uno de esos sacrificios transitorios y obligatorios a los que debe someterse todo amante del progreso.

El cese de la venta de harina en el almacén de los Pioneros trajo como consecuencia una crisis en la sociedad del molino. Al finalizar el tercer trimestre de 1851, la entidad había perdido 450 libras esterlinas. En esa época, quince almacenes cooperativos comerciaban con el molino y la pérdida levantó un ejército de descontentos.

El director del molino, carente de experiencia, había cometido errores. La Sociedad lo despidió y los administradores

—encabezados por su presidente Abraham Greenwood— fueron al mercado de granos, junto con un molinero que pudiera apreciar la calidad del trigo ofrecido en venta. De esa forma, reanudaron las operaciones sin jefe molinero.

Un mitin tumultuoso tuvo lugar en la sala de reuniones de los pioneros. Los profetas de la desgracia, con su acostumbrada elocuencia, propusieron abandonar las operaciones. Lo mejor, afirmaban, es no apoyar más al molino. Según dijeron, vendiendo harina de ese molino, el *store* perdía sus clientes, y la nueva sociedad se derrumbaría sin opción a resurgir; por lo tanto, sería necesario comprar la harina donde se pudiera obtener a mejor precio y, finalmente, la cooperativa iría a la quiebra si esos errores persistían.

Otros, en cambio, decían que si algunas personas llegaban a realizar una fortuna con las operaciones de molienda, los cooperadores debían alcanzar igual resultado. Después, enumerando las diferentes causas que habían motivado las pérdidas, agregaban que las dificultades provenían también de la falta de apoyo de los cooperadores y de las sociedades adheridas.

James Smithies sostuvo con mucha energía que era un deber y un honor tanto para los Pioneros, como para la cooperación, no abandonar el molino. El nombre mismo de «pioneros», decía, tendría que ser eliminado si los cooperadores no eran capaces de ayudarse mutuamente para proseguir la obra. Además, la liquidación del molino no daría más de diez chelines por cada libra invertida así que había llegado el momento en que los socios dieran pruebas de su confianza en la cooperación.

El llamado de Smithies encontró eco y algunos socios llevaron el dinero que habían ahorrado al molino.

Abraham Greenwood fue uno de los miembros que más se distinguieron en esta ocasión, gracias a su indeclinable fervor por la causa.

Sin embargo, el rumor público había suscitado ciertos temores entre los trabajadores que habían aportado sus ahorros a la Sociedad de los Pioneros de Rochdale. Los que abrigaban esos temores eran numerosos, pues dos años antes había quebrado la Caja de Ahorros de Rochdale y los pequeños capitalistas de esa época habían depositado toda su economía y confianza en la empresa cooperativa que, por otra parte, abonaba un interés mayor.

En ese momento, los accionistas de la cooperativa, alentados y desviados por el clamor de los enemigos de la cooperación, temblaban por sus economías.

Los modestos directores del almacén del callejón del Sapo no formularon declaración alguna; se limitaron a ordenar al cajero de la Sociedad mantenerse en su puesto y reembolsar de inmediato el importe de las acciones a todo aquel que lo solicitara.

El primero que se presentó tenía en su haber 24 libras esterlinas, producto de dividendos acumulados. Sentía cierto afecto por los Pioneros a quienes consideraba como benefactores, por lo que solicitó el reembolso de solo 16 libras.

—¿Piensa usted iniciar alguna empresa?, le preguntó el cajero.

—¡No! —contestó el accionista—, pero necesito mi dinero.

—Usted sabrá que el reglamento establece un aviso previo.

—Precisamente, para dar ese aviso he venido.

—¡Ah! muy bien—, dijo el cajero—. Este requisito nos es útil cuando tenemos poco dinero en caja, pero actualmente podemos prescindir de esa formalidad. Voy a reembolsarle inmediatamente su dinero.

Hablando en esa forma, el cajero entregó las 16 libras esterlinas al accionista, quien las guardó vacilante y preguntándose si no hacía mal en retirar sus ahorros.

De inmediato se presentó una mujer, solicitando también la devolución de su dinero, pero en cuanto vio que el cajero se disponía a entregárselo, declaró que no lo necesitaba. Más sensata que el primer solicitante, prefirió dejar su capital en manos seguras y no retirarlo para colocarlo en algún escondrijo, sin ninguna esperanza de provecho.

Se cuenta que en la misma época, una mujer que poseía 40 libras en la cooperativa fue advertida por un comerciante de la localidad acerca del peligro que corría su dinero.

—Si el almacén se arruina —contestó la mujer—, será con lo que le pertenece; él me ha dado todo lo que está registrado a mi nombre en los libros.

En esa época, el Banco de Rochdale, con el cual los Pioneros realizaban algunas operaciones bancarias, les prestó un servicio que siempre recordarán con gratitud.

Ciertos comerciantes que se hallaban en el local del banco conversaban sobre la situación del almacén cooperativo, coincidiendo casi todos en que era muy crítica.

Uno de los banqueros que seguía la conversación intervino y les hizo notar que esos rumores debían ser infundados, por cuanto la Sociedad de los Pioneros tenía en el banco un depósito de 2.000 libras esterlinas que permanecía intacto desde hacía mucho tiempo. Esta revelación restableció la confianza, primero en los lugares más influyentes y más tarde en todos los barrios de la ciudad y en muchas partes del país.

Al asumir la dirección del comprometido molino, Abraham Greenwood tuvo que aprender no solo el arte de comprar el trigo, sino el de molerlo y el de administrar bien un molino. Debía cumplir estas difíciles funciones, además de las que le correspondían por sus tareas en otra industria distinta. Todo esto le llevaba tiempo y afectaba su salud. Durante muchos años sufrió por tal estado de cosas, pero finalmente logró dominar todas las operaciones del molino y tanto la empresa como el director entraron en una era de prosperidad.

Los beneficios de la sociedad del molino se repartían, como ya se ha dicho, entre los miembros en proporción a las compras efectuadas por cada uno, después de abonar al capital un interés del 5 % anual.

Apenas en 1861, las palabras 5% anual fueron reemplazadas por «cinco libras por cada cien anuales». A nivel práctico, no había cambio alguno pero los numerosos clientes que no comprendían bien el término 5% apreciaron con más facilidad lo que significa cinco libras de cada cien. Es siempre difícil hacer las cosas con sencillez.

La sociedad del molino practicaba la sabia medida de reducir anualmente el costo de las instalaciones por medio de amortizaciones, de modo que, en 1860, cuando el molino fue enajenado en la suma de 6.000 libras esterlinas, figuraba en el balance con un valor de 3.862 libras. Entretanto se había construido otro molino para atender a las necesidades cada vez más crecientes.

El número de asociados alcanzaba, en esa época, a 550, incluyendo los representantes de otros almacenes cooperativos y los de las sociedades de socorros mutuos para enfermedades y sepelios, pues estas últimas encontraron muchas ventajas en invertir sus fondos en las empresas cooperativas. En los bancos solo podían obtener un interés del 2 o 3% y no tenían derecho a ejercer ninguna fiscalización sobre el destino de los fondos. Los mutualistas eran personas de espíritu activo a quienes no agradaba el misterio en los asuntos de dinero, así que encontraron en las sociedades cooperativas aquello que necesitaban. Con entidades como las de los Pioneros, además de obtenerse un 5% de interés, se sabía dónde estaban y en qué se invertían los fondos, a más de tener voz y voto en la dirección de la Sociedad. Las seguridades eran completas.

Naturalmente que en los comienzos hubo que persuadir a los miembros de esas sociedades de previsión de la bondad y conveniencia de colocar sus fondos en la Sociedad del Molino Harinero.

Solo después de cuatro o cinco años de funcionamiento del molino, una de esas entidades de previsión resolvió invertir cierta suma de dinero en el mismo, nombrando tres delegados. William Cooper relató que esos tres delegados, al llegar al local del Comité del Molino por primera vez, no se animaron a dejar los fondos. Confusos y no sabiendo cómo explicar su actitud, se retiraron del local.

Cuando regresaron junto a sus compañeros manifestaron haber visto obreros tejedores entre los miembros que componían el Comité del Molino y ni un solo hombre conocido por su riqueza, de manera que no habían dejado el dinero, pensando que no podría estar seguro en manos de esos trabajadores.

Sin embargo, esos asustadizos delegados habían sido estafados por personajes notables, que precisamente eran conocidos por su riqueza, cuando la caja de ahorro de la ciudad había quebrado, dejando en la ruina a millares de familias modestas. En cambio, no se había dado el caso de que obreros estafaran a sus compañeros. ¿Acaso les parecería más natural arriesgar su dinero en manos de tramposos solo porque éstos revestían apariencia de personajes ricos?

La Sociedad consideró el asunto con mejor criterio y estimó que los tejedores eran, por lo menos, tan merecedores de confianza como los banqueros. Delegó nuevos miembros, más resueltos, y les confió, para su entrega, una suma mayor que la fijada anteriormente. El capital aportado en esa época todavía permanece en la Sociedad del Molino Harinero.

El *Almanaque de la Sociedad* dice con respecto a la Sociedad del Molino:

«Aunque de las más delicadas en su infancia, esta sociedad se ha convertido en una de las más sanas y fuertes; el 78 % de sus operaciones se realizan con sociedades cooperativas, y el volumen de sus negocios va en continuo aumento».

En 1880, el capital de la Sociedad del Molino Harinero era de 97.414 libras esterlinas. El monto de sus operaciones alcanzaba 301.835 libras y los beneficios sumaban 798 libras.

Resultados morales
de la cooperación

El sentimiento de abnegación hacia el bienestar de los demás, de la justicia y no del egoísmo, debe dominar en las relaciones industriales si se desea que estén ordenadas adecuadamente. Y los pioneros estaban animados por este pensamiento, sin ser por ello soñadores o idealistas. Es lo que demuestra una carta de James Smithies, uno de los fundadores y animadores del movimiento, cuando decía:

«La mejoría de la situación de nuestros socios es visible por su aspecto, su comportamiento, su libertad de palabra. Difícilmente podéis imagina ros cómo los cambia su adhesión a una sociedad cooperativa. Numerosos amigos de nuestra causa piensan que confiamos demasiado sobre las consecuencias de este hecho: convertir al obrero en capitalista. Pero mi experiencia de 16 años pasados junto a trabajadores, me ha conducido a la conclusión de que para encarrilar las clases laboriosas a trabajar en común para un fin determinado, hay que unirlas con cadenas de oro forjadas por ellas mismas».

En 1854, la Sociedad inició la publicación de un almanaque con el propósito de mostrar a la población los hechos más significativos del cooperativismo y de reafirmar la simpatía de los amigos de la idea.

En esa época, el volumen de compradores que acudían a los diferentes locales había adquirido tal importancia, que ningún otro distrito industrial de Inglaterra podía ofrecer un espectáculo comercial análogo al de los almacenes de Rochdale un sábado por la noche. En un solo sábado, las ventas superaban el valor de 400 libras.

Además de las compras de comestibles, el movimiento intelectual cobró una especial relevancia: más de doscientas publicaciones se ponían en circulación cada sábado en la sección de librería.

Pero sin lugar a dudas, lo más notable fue el nuevo espíritu de sociabilidad que animaba a todos los cooperadores. Compradores y vendedores se consideraban amigos; ninguna sospecha ni desconfianza aparecía entre ellos porque no tenían interés en engañarse mutuamente. En el callejón del Sapo, los sábados había una animación comparable a la de los grandes negocios londinenses, con una cantidad de proveedores diez veces superior a la que se empleaba en los grandes establecimientos del ramo.

Esos humildes trabajadores que hasta entonces no habían conocido una buena alimentación, que no habían podido procurarse más que mercancías falsificadas, calzado en el que pasaba el agua y vestimentas sin duración; esas pobres mujeres hasta entonces vestidas con malas telas, compraban ahora, como millonariass, los alimentos más puros. Esas personas pudieron tejer sus propias telas, confeccionar sus ropas, convertir su trigo en harina, comprar el mejor azúcar, el mejor té, el mejor café. Sacrificaban el ganado para sus carnicerías; por las calles de Rochdale se veían pasar animales de calidad destinados al consumo exclusivo de los Pioneros de Rochdale.

¿Acaso el sistema de la competencia comercial dio alguna vez tales ventajas a la gente modesta? ¿Quién dejará de reconocer que bajo tales influencias se mejora la conciencia de las personas? Los abstemios de Rochdale admitían que el almacén por sí mismo fue más eficaz que ellos para hacer hombres sobrios.

Padres de familia que nunca, hasta entonces, se habían visto libres de deudas, o mujeres que durante cuarenta años no habían tenido ni un chelín disponible en sus bolsillos, de pronto poseían ahorros como para iniciar la construcción de una casa propia y todas las semanas hacían sus compras al contado en su propio almacén.

Por el contrario, allí donde reinaba la competencia como base del comercio, todos los propagandistas eran incapaces de producir y mostrar resultados morales como estos.

Los documentos oficiales de la Sociedad mencionan que, en 1857, la cooperativa del callejón del Sapo contaba con 1.850 socios y un capital de 15.141 libras esterlinas. Sus ventas en ese año ascendían a 79.790 libras, que dejaron un beneficio de 5.470 libras.

Es interesante narrar algunas anécdotas sobre los miembros de la Sociedad, que describen a cada socio, junto con el número de orden correspondiente, y que han sido extraídas de los libros de la entidad.

Núm. 12— Ingresó como socio en 1844. Durante más de cuarenta años vivió debiendo a sus proveedores. Sus gastos se elevaban de 20 a 25 chelines por semana y sus deudas habían alcanzado, a veces, hasta 30 libras esterlinas. Desde que es miembro de la cooperativa ha pagado regularmente por sus cuotas 2 libras y 15 chelines, ha cobrado dividendos por un valor de 17 libras y en el fondo social cuenta con un ahorro de una libra. Este hombre se alimentó mejor y ganó más de 20 libras. Si la Sociedad de los Pioneros se hubiese constituido durante su juventud, hoy tendría ahorrada una importante suma.

Núm. 22— Desde el comienzo fue socio. Hacía 25 años que no podía independizarse de sus proveedores. Sus gastos semanales alcanzaban a 10 chelines y su deuda constante se elevaba a 40 y 50 chelines. Miembro de la cooperativa, hasta 1853 había pagado cuotas por un total de 50 chelines. Su parte en los dividendos llegó a 7 libras y sus ahorros en la Sociedad representaron 8 libras esterlinas.

Este socio piensa que el sistema del crédito lo ha mantenido en la imprevisión durante años y ha impedido a su familia realizar las economías que ahora tiene por haber comprado al contado y no a crédito. Además, desde que el número 22 se incorporó a la Sociedad, tuvo un lugar de reunión donde podía enterarse de las noticias del día y hallaba esparcimientos que anteriormente buscaba en los lugares públicos y en las tabernas.

Los mismos hechos se repitieron para muchos miembros de la Sociedad.

Uno de los aspectos que se deben poner de relieve en esta historia es el que se refiere a los grandes sacrificios personales que se imponían los dirigentes de la cooperativa para el cumplimiento de su obra. Las graves dificultades que acompañaron a la fundación de la Sociedad del Molino Harinero dieron oportunidad a William Cooper de darse cuenta de algunos de los sacrificios cotidianos que los trabajadores deben aceptar si quieren conseguir reformas sociales.

Como se ha visto, muchos miembros de la Sociedad de los Pioneros también formaban parte de la Sociedad del Molino Harinero. Debían, pues, concurrir a las asambleas de las dos sociedades y a las asambleas extraordinarias.

Además, los que ocupaban cargos asistían a las reuniones del Comité del Molino, una noche por semana y a veces más.

Naturalmente, esos hombres dejaban de pasar ese tiempo con su familia. La esposa acostumbraba a permanecer sola en el hogar, sin tener, a menudo, con quién hablar hasta que su marido regresaba de las asambleas o las reuniones. Todo era silencio, salvo el tictac del reloj o la lluvia que azotaba los cristales de la ventana. Para esa mujer sola, los minutos parecían horas. A veces, incluso pensaba que su esposo la abandonaba, o que se hallaba más a gusto fuera de su hogar.

En otro hogar, el niño estaba enfermo hacía días y el padre, después de haber estado todo el día en su trabajo, dedicaba la noche a las reuniones. La madre no podía conseguir la tranquilidad del niño, temía que su estado empeorara. Tan pronto el padre estaba de regreso, la madre le comunicaba sus temores y le reprochaba su ausencia. El padre contestaba que había vuelto a casa tan pronto la reunión había terminado, pero no podía convencer a su esposa de que su presencia allí era indispensable y de que había hecho algo útil con su asistencia.

Esos incidentes u otros similares son muy frecuentes en los hogares cuando los hombres están comprometidos en entidades que trabajan por el bienestar social. Pero de esto no hay que desprender que las mujeres hayan sido opositoras a la cooperativa, ni mucho menos. Como ya se ha dicho, ellas demostraron tanto interés como los hombres y no dejaron de mostrarse orgullosas de los éxitos alcanzados.

El almacén de Rochdale prestó, además, valiosos servicios a la causa de la independencia civil de la mujer. Ella podía asociarse a la cooperativa y ejercer el derecho al voto. De hecho, fueron muchas las mujeres casadas que ingresaron, mientras sus esposos permanecían indiferentes. Otras se unieron a la Sociedad para su propia defensa y con el fin de evitar que sus maridos malgastaran en las tabernas el dinero que ellas economizaban comprando en el almacén. El esposo no podía retirar de la Sociedad los ahorros registrados a nombre de su consorte, a menos que ella firmara una autorización especial.

Muchas jóvenes, acumulando sus ahorros en la Sociedad, hicieron su reputación de futuras buenas amas de casa. Algunos jóvenes, deseosos de tener una compañera, solían informarse en la Sociedad para guiarse en su elección.

En 1855 se celebró en Rochdale una conferencia entre cooperadores. Al terminar, Abraham Greenwood, presidente, y James Smithies, secretario, dieron a conocer la declaración votada por dicha asamblea y cuyo texto es el siguiente:

«La sociedad humana es un cuerpo compuesto de numerosos miembros cuyos verdaderos intereses son idénticos.

Los trabajadores, inspirados en sentimientos de leal-
tad y de honestidad, deben proceder unos hacia otros,
como compañeros.

El principio de la justicia y no el del egoísmo debe
gobernar el intercambio».

Estos tres principios demuestran, de forma clara, cómo
la moralidad de la cooperación es superior a la de la competencia. ¿Cuándo se ha visto a una empresa comercial
formular semejantes proposiciones y, más aún, ponerlas en
práctica?

Los famosos 28

Los 28 primeros miembros de la Sociedad de los Pioneros Equitativos de Rochdale alcanzaron una reputación mundial por la importancia de la tarea que realizaron y por el desarrollo alcanzado por la empresa que fundaron. Habríamos deseado dar la nómina completa de esos campeones del progreso social, pero desgraciadamente solo hay registro de los veintiséis siguientes:[1]

- James Smithies
- John Kershaw
- William Cooper
- John Scrowcroft
- John Collier
- James Standring
- Miles Ashworth
- Joseph Smith

[1] N. del T.: Posteriormente se conocieron los nombres de los dos cooperadores que no figuran en esta lista. Son James Bramford y Ana Tweedale.

- James Tweedale
- Robert Taylor
- John Hill
- James Wilkinson
- John Holt
- Georges Healey
- Charles Howarth
- David Brooks
- Samuel Ashworth
- William Mallalien
- James Daly
- John Bent

- James Maden
- James Manock
- William Taylor

- Benjamin Reedman
- John Garside
- Samuel Tweedale

En 1865, veintiún años después de la fundación de la Sociedad, vivían solo dieciséis Pioneros.

Trece de los fundadores de la Sociedad de los Pioneros Equitativos de Rochdale, en 1865.

A continuación se detallan todos los datos biográficos que se han podido obtener sobre los fundadores del almacén de Rochdale:

- JAMES STANDRING. Al fundarse la Sociedad era de oficio tejedor de franela y owenista o partidario de la reforma social.

  Había sido secretario del Comité Director para procurar la adopción de una ley que estableciera la jornada de diez horas en las fábricas.

- JOHN BENT. De oficio sastre, era un activo militante socialista. Fue uno de los primeros revisores de cuentas de la Sociedad de Rochdale.

- JAMES SMITHIES. Clasificador de maderas y tenedor de libros. Reformador social. Fue el primer secretario de la Sociedad. En diferentes períodos fue elegido tesorero, director y presidente. Se esforzó siempre en propagar el espíritu de la cooperación y en despertar entre los socios el sentimiento de la justicia y de la fraternidad. Era un trabajador infatigable. En los últimos años de su vida fue elegido miembro del Consejo Municipal, siendo el único de los 28 que alcanzó cargos públicos.

  En los comienzos, cuando el almacén y el molino iniciaron sus operaciones, el dinero escaseaba, y en más de una ócasión, Smithies, a altas horas de la noche, después de las reuniones del Comité Director, fue a despertar a alguien que él conocía como poseedor del dinero y simpatizante de la causa cooperativa. Cuando la persona buscada —que muchas veces a esa hora ya dormía— asomaba la cabeza por la ventana para indagar lo que ocurría, Smithies gritaba: «¡Vengo a buscar tu dinero, que lo necesitamos!». «¡De buena gana lo entregaré!», contestaba el otro.

En cierta ocasión, uno de estos ofreció dejar caer desde la ventana del primer piso una bolsita conteniendo 2.500 francos. «No, gracias, volveré mañana temprano», replicó Smithies con voz cordial y regresó a su casa, contento de haber evitado, a la Sociedad, un mal momento.

Frente a su entusiasmo nadie se desalentaba y con su constante buen humor los enfados parecían imposibles. Su confianza en el éxito era tan comunicativa que hacía vislumbrar el porvenir más próspero aun en los momentos en que más arreciaban las dificultades.

- CHARLES HOWARTH. Urdidor en una fábrica de tejidos. Socialista. El más destacado de los Pioneros y principal autor del Estatuto de la cooperativa. En particular, fue quien propuso la distribución de los beneficios en proporción al importe de las compras hechas por cada socio. Fue vocal del primer Consejo Directivo, presidente de la Sociedad en el segundo año y desempeñó la secretaría en diferentes ocasiones.

- DAVID BROOKS. Impresor. Partidario de la Carta del Pueblo. Fue el primer encargado de compras de la

Sociedad. Honrado y muy entusiasta, nunca escatimó tiempo, trabajo y recursos para contribuir a su progreso. Su abnegación llegaba al punto de privarse de satisfacer sus necesidades personales.

- BENJAMIN REEDMAN. Tejedor de franela. Activo propagandista de la Carta del Pueblo. Hombre de pocas palabras, pero muy trabajador. Fue un firme sostén de la Sociedad durante las épocas de mayores penurias.

- JOHN SCROWCROFT. Vendedor ambulante. No manifestaba opiniones políticas, pero sostenía las creencias religiosas del filósofo sueco Swedenborg. Cuando en las conversaciones se abordaban temas religiosos, Scrowcroft afirmaba que si la religión era examinada y discutida, ganaría nuevos adeptos.

- JAMES MANOCK. Tejedor de franela. Partidario de la Carta del Pueblo. En diferentes ocasiones desempeñó los cargos de vocal de Consejo y director de la Sociedad, en donde que prestó importantes servicios.

- JOHN COLLIER. De oficio mecánico. Activo propagandista de las ideas socialistas. Fue varias veces miembro del Comité Director. Era un buen orador. Nieto de un conocido poeta y escritor.

- SAMUEL ASHWORTH. Tejedor de franela. El más joven de los fundadores del almacén. Era hijo de Miles Ashworth. Fue el primer encargado de ventas y gerente de la Sociedad, puesto que desempeñó durante 22 años, pasando después al servicio de la Sociedad

Cooperativa del Norte de Inglaterra para la Venta al por Mayor(Wholesale) de Manchester.

- Willam Cooper. Tejedor de franela. Socialista. Fue el primer cajero de la Sociedad y se destacó por su celo y por sus incesantes esfuerzos, por medio de la pluma y de la palabra, para unir la obra cooperativa. Permaneció siempre fiel a los principios de la Sociedad.

- James Tweedale. De profesión cargador. Militante socialista, ocupó el puesto de director durante el primer año. Fue el quinto presidente de la Sociedad, desplegando una labor muy intensa.

- Joseph Smith. Clasificador de lanas. Participó en la Reforma Social. Fue uno de los primeros verificadores de las cuentas de la Sociedad.

- Miles Ashworth. Tejedor de franela y cartista. Fue el primer presidente de la Sociedad, elección en la que, sin duda, influyó que era la persona de más edad entre los fundadores.

- John Kershaw. De oficio guarda de almacén en una mina de carbón y cartista «a medias». Tomó parte muy activa en las discusiones de 1843 sobre los mejores medios para obtener la sanción de la Carta del Pueblo; discusiones que tuvieron como resultado indirecto la fundación de la cooperativa de la cual él era gran partidario. Fue el cuarto presidente de la Sociedad.

- Robert Taylor. Junto a otros varios socios no fundadores, fue comisionado, en 1849, para organizar la venta de libros y periódicos, y aplicar los beneficios así obtenidos a la instalación de una sala de lectura.

- James Maden. Tejedor de franela. Abstemio. Sin opiniones políticas ni religiosas.
- William Taylor. El «valiente» que se decidió a salir a la calle para quitar los postigos de las vidrieras en la histórica noche del 21 de diciembre de 1844, sin preocuparse del clima hostil que le aguardaba. Fue uno de los directores elegidos en la primera Asamblea General.
- Samuel Tweedale. Tejedor de franela. Inauguró la primera serie de lecturas y conferencias dadas en el callejón del Sapo, hablando sobre la moral de la vida diaria. Era considerado el orador de la cooperativa. Emigró después a Australia.
- John Garside. De oficio ebanista. No se tienen datos biográficos de él.
- Georges Healey. De oficio sombrerero. No hay datos biográficos sobre él.
- James Wilkinson. En la lista de los 28, no hay más datos aparte de su nombre.
- James Daly. No se tienen datos biográficos de él, pero se sabe que fue uno de los que más influyeron en el comité de los tejedores de franela para que este se pronunciara en favor de la creación de la cooperativa.
- John Hill. Realizó una intensa propaganda entre los tejedores para que se constituyera la cooperativa.

- John Holt. Tesorero, designado en la asamblea del 13 de agosto de 1844.
- William Mallalien. Vocal del Consejo, designado en la primera Asamblea General.
- James Bramford. Uno de los cuatro directores elegidos en la primera Asamblea General.
- Ana Tweedale. La única mujer que había entre los 28 fundadores. Ayudó eficazmente a vencer las dificultades que había para el arriendo del primer local.

Obstáculos en la marcha del progreso. El derecho del trabajo en el reparto de los beneficios

Al comienzo de esta historia se ha manifestado que el éxito de la distribución cooperativa se inició cuando los Pioneros decidieron admitir a las personas consumidoras como parte de la asociación.

Después de que la experiencia de varios años demostrara la bondad de este principio, los Pioneros pensaron organizar, sobre las mismas bases, la producción cooperativa, que hasta entonces no había dado lugar más que a industrias beneficiarias de las empresas capitalistas.

Reconociendo que los beneficios provenían del empleo del capital por una parte y de la habilidad, del talento, de la buena voluntad y de los cuidados del obrero por otra, los Pioneros de Rochdale concibieron la idea de fundar industrias que admitieran al trabajador como asociado, dándole participación en las ganancias.

Quienes conocían los progresos del almacén cooperativo, impresionados favorablemente por la justicia de esa concepción, confiaban en que los sagaces Pioneros conseguirían cimentar sus manufacturas también sobre el mismo principio de equidad que habían aplicado, tan perfectamente, en la distribución.

En 1854 y 1855, dos hilanderías que funcionaban con 50.000 husos fueron organizadas de acuerdo al principio de participación de los obreros en los beneficios. Esta iniciativa hizo que el interés y el respeto que ya se tenía por los cooperadores de Rochdale aumentaran aún más. Se pensaba que introducirían en los talleres ventajas análogas a las que habían establecido para el bienestar doméstico y que este hecho tendría consecuencias importantes en otras ciudades. En algunos círculos de Europa se esperaba con mucho interés el resultado del experimento.

Hasta entonces, en la opinión pública predominaba el concepto de que el obrero no podía llegar a ser un buen patrón. La sujeción a la que estaba sometido y la vida parsimoniosa que se le había impuesto, debían, según muchos, limitar el buen juicio y el entendimiento del obrero. Se consideraba que, generalmente, el obrero convertido en patrón

Pág. siguiente:
Artículo conmemorativo del 91 aniversario de la apertura
del almacén de la Sociedad de los Pioneros Equitativos de
Rochdale, el 21 de diciembre de 1844, publicado en diciembre
de 1935 en la revista El Cooperador *(núm. 24, Madrid).*

La Sociedad de los Equitativos Tejedores

21 DE DICIEMBRE

La tienda del callejón del Sapo el día de su apertura.

En tal día como hoy, hace noventa y un años, se abrió la tienda que los *pioneers* de Rochdale establecieron en el callejón del Sapo. No hubo charangas ni convite. Según la tradición, aquellos hombres esforzados, que con verdadero sacrificio habían reunido poco más de setecientas pesetas para fundar una Cooperativa, con la aspiración de mejorar su condición económica y social, no se decidían a afrontar la rechifla de la chiquillería y de las vecindonas, que, animadas por los tenderos de la localidad y coreadas por los reventadores de todas las obras altruístas, se agrupaban junto a la puerta para prodigarles una «cencerrada». Según la tradición también, fué una mujer la que se atrevió a arrostrar la rechifla de aquellos miserables, abriendo de par en par las puertas de la Cooperativa Según el historiador Holyaake, fué un muchacho irreflexivo. Es igual. Si fué la mujer, hizo honor a su sexo y cumplió su primordial deber en la vida dar a luz, y ya es sabido — por ellas, sobre todo — que esto no se hace sin dolor. Si fué el chiquillo, como asegura el historiador, se portó

como un hombre : voluntad, decisión, espíritu de lucha contra la ignorancia y las desigualdades humanas.

Pues bien ; aquella tiendecita que se abrió entre burlas y dificultades, y donde sólo se distribuían cuatro artículos (harina, manteca, azúcar y arroz), tiene hoy más de 50 despachos de ultramarinos, 20 carnicerías, confecciones, depósitos de carbones, matadero, tahonas y fábricas de loza, china y tabacos, gira por unos veinte millones de pesetas anuales y desde su fundación han ascendido a más de noventa millones de pesetas los excesos de percepción repartidos entre sus asociados, sin contar las obras sociales que sostienen, entre las que ocupan lugar preeminente un seguro de vida proporcional al importe de las compras, Sociedad de Seguro Sanitario, escuelas primarias y superiores, bibliotecas, etc. Y, sobre todo, ha sido la cuna de la cooperación mundial, que agrupa hoy cien millones de afiliados. Los 14 puntos que constituyen los principios que nos legaron los veintiocho tejedores (tan importantes, sin duda alguna, como los también 14 puntos de Wilson, base de la Sociedad de Naciones), y la constancia de Carlos Howarth y sus compañeros, fueron los artífices de esta maravilla.

Al dedicarles hoy unas líneas de conmemoración, pidamos que los españoles, en un día tan señalado como este del 21 de diciembre, en que todos o casi todos nos despertamos alegremente pensando en que nos caiga el premio gordo de la lotería nacional, jueguen un poco menos al azar y un poco más al esfuerzo y la voluntad, en bien suyo y de la Humanidad. Piensen, juzgando por el ejemplo de los tejedores de Rochdale, qué Cooperativas y qué obras sociales se podrían hacer en España invirtiendo en esta labor los millones que se juegan a la lotería los humildes!

Cómo es actualmente la tienda del callejón del Sapo.

terminaría por desdeñar a sus camaradas y que temería pagar altos salarios, pensando que cuanto pagara de más, sería otro tanto perdido para él.

Se suponía que los trabajadores, olvidando su antigua condición, dispensarían a sus subordinados un trato no muy diferente al de los malos patronos.

Todas estas creencias contribuyeron a despertar mucha ansiedad entre aquellos partidarios del progreso industrial que confiaban en el éxito de la participación de los trabajadores en los beneficios de la producción.

Pero esa esperanza de ver la justicia y la equidad aplicadas en el mundo de la industria, que durante un breve periodo ilusionó a tantos, se perdió a pesar de los vigorosos esfuerzos de muchos cooperadores. La suscripción de acciones para la instalación de las nuevas fábricas fue ofrecida a toda la población de la ciudad. Estas fueron suscritas por muchas personas que no conocían absolutamente nada de cooperativismo, por otras que no tenían mayor preocupación por los principios o, incluso, por enemigos activos de la cooperación. Fue la afluencia de personas hostiles e indiferentes al proyecto lo que hizo que el principio de la participación de los obreros en los beneficios no pudiera ser llevado a la práctica.

El *London Spectator*, en su edición del 16 de abril de 1864, afirmaba: «En Rochdale, el sistema de admitir la participación de los trabajadores en la distribución de los beneficios ha sido abandonado después de haberlo experimentado».

Aunque esa última parte sugería que el principio fue aplicado, la verdad es que la idea quedó abandonada antes de entrar en ejecución. Sin embargo, los valientes Pioneros no fueron responsables del abandono de ese principio: lucharon tenazmente para que fuera aprobado, pero no lo consiguieron. Su voluntad quedó claramente expresada en el *Almanaque de la Sociedad* del año 1860, donde se puede leer:

«La Sociedad Cooperativa Manufacturera de Rochdale tiene por objeto asegurar a cada uno de sus miembros los beneficios provenientes del empleo de su propio capital y de su trabajo personal en las manufacturas de algodón y de lana, mejorando, en esa forma, la situación doméstica y social de todos los miembros.

Los beneficios anuales provenientes de las operaciones de la Sociedad —después de abonar los intereses al capital a razón de 5% anual—, serán distribuidos entre los socios, conforme a un porcentaje igual, tanto por el capital aportado como por el trabajo ejecutado.

Cada miembro tiene igual derecho de voto e influencia, cualquiera sea el monto de su capital aportado.»

En 1861, el almanaque de los Pioneros repetía, en términos claros y precisos, el citado anuncio. Y en 1864, los cooperadores publicaron, en el citado almanaque, lo siguiente:

«El principal objeto de los fundadores de esta sociedad era la distribución equitativa de los beneficios provenientes de las manufacturas de algodón y de lana. Consideran que todos los que contribuyen a la creación de la riqueza deben participar en su distribución. A este principio la sociedad no ha sido fiel, con gran sentimiento de sus iniciadores».

Fue en 1860 cuando el enemigo hizo su primera aparición. En el mes de septiembre tuvo lugar una importante reunión para considerar la siguiente cuestión: «¿Se otorgará o no una prima al trabajo?». Los términos en que se planteaba el asunto eran ya una iniciación de la lucha.

En esa reunión, muchos oradores defendieron que los trabajadores ya recibían el precio de su trabajo y que, por lo tanto, no les correspondía nada más.

El mismo argumento había sido utilizado, durante muchos años, para combatir la admisión de los compradores en la distribución de los beneficios en los locales de venta. Se decía que la persona que compraba ya recibía mercancías por el valor de su dinero, así que no se le debía nada más. Ya que se necesitaron dos generaciones de hombres para discutir y resolver esta cuestión y reconocer, por fin, que los compradores —contribuyendo a aumentar los beneficios de los almacenes— tienen derecho a una parte de esos beneficios, ¿cómo admitir que no se necesitará igual tiempo, por lo menos, para resolver el problema, mucho más complejo, de la equitativa distribución de los beneficios de la producción entre todos aquellos que la crean?

En la gran reunión de 1860, los viejos Pioneros lucharon con todas sus fuerzas para sostener el principio que confiere al trabajador el carácter de asociado. «Es un deber de los Pioneros —decía uno de ellos— organizar la industria sobre el mismo principio que los almacenes cooperativos; es un deber bregar para que el trabajo tenga lo que le pertenece».

En la votación, 571 votos se pronunciaron contra la participación del trabajo en los beneficios y 270 para mantener el principio. Como el Estatuto de la Sociedad exigía una mayoría de tres cuartas partes para cualquier modificación en las reglas sociales, el principio del derecho del trabajo fue mantenido.

Sin embargo, dos años más tarde, el enemigo consolidó sus fuerzas, volvió a la carga y obtuvo la victoria, por lo menos en Rochdale.

Tan pronto se tuvo conocimiento de ese resultado, los partidarios de los trabajadores dejaron de esperar de Rochdale la organización modelo de la industria que pondría fin a la creciente y funesta lucha entre el capital y el trabajo. En esa ocasión, el movimiento experimentó una detención en su marcha progresista.

Entonces se propagó la noticia de que la asociación del trabajo en Rochdale había fracasado y, si alguien dudaba de ello, se le preguntaba secamente: «Si no ha fracasado,

¿por qué se ha derogado el principio de la participación del obrero?».

El día que se aprobó la moción, de los 1.500 socios con que contaba entonces la Sociedad, solo 664 tomaron parte en la votación: 502 votaron contra el principio y 162 a favor.

Queda, por lo menos, la satisfacción de dejar constancia de que solo 502 miembros, sobre 1.500, levantaron su mano contra el reconocimiento del derecho de los trabajadores.

Cuando los anticooperadores, con mayoría en la asamblea, suprimieron esa regla que, sin embargo, no daba a los obreros más que una pequeña parte de los beneficios, hubo un gran regocijo en muchas casas bancarias y en numerosas manufacturas. En esos mismos sitios, era donde los hombres, desde generaciones atrás, trabajaban como caballos y morían como perros.

El capitalista se alegraba porque era corto de vista y era injusto como los accionistas retrógrados de Rochdale. No comprendía que esa negación de justicia al trabajador era fatal para la sociedad entera, por cuanto quitaba la seguridad y perpetuaba conflictos que podían llegar a ser, de un día para otro, peligrosos para la paz social y el orden público.

Los principales jefes del movimiento contra la participación de los trabajadores en los beneficios pertenecían a la clase de los administradores, pequeños capitalistas, traficantes y otras gentes análogas. Su argumento preferido contra el principio del derecho de los obreros fue el de declarar que se trataba de una «teoría socialista». Y ciertamente lo era, pero todos los almacenes cooperativos estaban basados en esa misma «teoría» cuando distribuían beneficios tanto a los consumidores, como a los capitalistas.

La manufactura cooperativa de Rochdale conservó el título de «cooperativa», aunque abandonó el principio que justificaba esa calificación.

Cooperación significa reconocimiento de los derechos del obrero, no indirectamente y en una medida infinitesimal, impalpable, hipotética y abstracta, sino de manera directa, en forma simple, personal, absoluta y de carácter permanente, a la posesión de los frutos de su trabajo.

La cooperación implantará seguramente, algún día, sino en Rochdale, en otras partes, la participación del trabajo en los beneficios de la industria.

Los sindicatos podrían dar el ejemplo de la aplicación de ese principio. Lo harán, sin duda, no bien cuenten con consejeros capaces y perspicaces para elevarse sobre la cuestión de las huelgas.

La cooperación había adquirido ya, ante los hombres de Estado, toda la importancia de un hecho político, en razón de los disturbios populares que estallarían en breve si los intereses de la clase trabajadora no se vinculaban a las crecientes operaciones del capital.

Pero no se debe caer en engaños: numerosos establecimientos en Inglaterra y en otras partes del mundo adoptan el nombre de cooperativa sin justificarlo en sentido alguno.

La Sociedad de Rochdale había conservado algo del espíritu de los viejos Pioneros. No obstante, el valiente entusiasmo de los primeros tiempos no animaba mucho a los cooperadores de la nueva generación; de lo contrario, se hubiera visto cómo la cuestión de los derechos del trabajo tomaba su revancha.

Cuatro años peligrosos. La crisis del algodón

Cuando en 1861 estalló la guerra entre los estados del norte y del sur de Estados Unidos, fue fácil prever que se avecinaba una gran perturbación industrial a nivel global, principalmente en el sector algodonero. Las fábricas de los condados de York y de Lancaster se verían obligadas a suspender sus actividades y centenares de miles de familias carecerían de trabajo y pan.

Ante ese peligro, muchas personas predijeron que la cooperación naufragaría en la tormenta. ¿Cómo podrían, los pobres trabajadores cuyas entradas provenían de las fábricas que iban a paralizar sus actividades, permanecer unidos y sostener su empresa cooperativa, en medio de las graves dificultades de una crisis financiera e industrial? La solución a ese problema era difícil de vislumbrar.

Para entender lo que sucedió en aquella época (1861-1864) entre los Pioneros, es interesante leer los resultados publicados, por aquel entonces por uno de los corresponsales del *Times*, informaciones fechadas en Rochdale mismo.

El 19 de diciembre de 1862, el corresponsal escribía:

«¿Cómo las clases obreras desocupadas hacen frente a las calamidades que sufren? No es fácil establecerlo con exactitud.

¿Dónde colocan sus ahorros en tiempos normales? Ello varía según las ciudades. En algunas se acude a los bancos capitalistas, en otras a las sociedades de construcciones o a las de socorros mutuos. Pero, desde hace algunos años, existe una marcada tendencia a colocar los ahorros en las entidades cooperativas. En Rochdale, donde la cooperación funciona en gran escala, puede decirse que casi toda la clase obrera está enrolada en el movimiento.

Aquí existen tres grandes establecimientos dirigidos de acuerdo con los principios cooperativos: el almacén de consumos, el molino harinero y la manufactura de algodón. Estos tres establecimientos representan, en conjunto, un capital de 140.000 libras esterlinas.

Durante el último trimestre, los compradores recibieron un dividendo de tres chelines por cada libra esterlina de compras, lo que hace que, en vez de estar en deuda perpetua con sus proveedores, el obrero recoja, él mismo, el provecho que antes iba a parar a manos del comerciante. Vive confortablemente y en relación a su parte de beneficios».

Notas tomadas en los mismos libros del almacén explicaban las ventajas del sistema.

Un socio tenía en su haber siete libras esterlinas. Durante ocho años consecutivos compró en el almacén cooperativo el vestuario y los comestibles necesarios para él y su familia. En ese intervalo nunca depositó dinero para aumentar su haber, sino que en varias oportunidades retiró fondos que alcanzaron en total 90 libras. No obstante, a fines del último trimestre, el socio tenía aún en su haber la cantidad de 50 libras.

Los dividendos que le correspondían sobre sus compras durante los últimos ocho años, más los intereses sobre su capital que se acumulaban en el almacén, le habían producido una suma de 140 libras, o sea más de 16 libras por año.

Según cálculos aproximados, si esa familia hubiese comprado en otra parte la vestimenta y los productos alimenticios durante todo ese tiempo, habría gastado un 10 % de más y, al final de ese período, se habría encontrado con una deuda de cinco libras, por lo menos.

Es muy natural que en esas condiciones el número de cooperadores y las operaciones aumentaran rápidamente y que las clases obreras trataran de fundar instituciones de esa naturaleza en todas partes.

En las sociedades cooperativas, el capital aumentaba con tal rapidez que constantemente se estaba pensando en qué invertirlo. Se construyó primero un molino harinero, que funcionaba desde hacía nueve años y había obtenido, en el año 1861, un beneficio de 10.000 libras esterlinas. El primer capital invertido en el molino era de 2.000 libras, y ahora alcanzaba las 30.000 libras. Por su parte, el aporte del almacén llegaba a 9.000 libras.

Después del éxito de esa empresa, los cooperadores se hicieron emprendedores e intentaron realizar una experiencia que, a simple vista, parecía arriesgada. Concibieron la idea de asociar el trabajo al capital, de ser ellos mismos sus propios patrones y de repartirse todos los frutos de sus esfuerzos. Nunca se había hecho, desde el punto de vista práctico y económico, un alegato más expresivo de la cooperación.

Por todo ello, el corresponsal del *Times* agregaba:

«En los comienzos, el movimiento cooperativo encontró mucha oposición por parte de quienes creían ver en él una experiencia comunista o socialista. La influencia del sistema cooperativo sobre el carácter y la situación de las clases obreras es tan notable que las personas más egoístas no pueden evitar señalarlo y condenarlo. Pero a finales del siglo XIX, los dueños de fábricas ya preferían a los obreros cooperadores. Sus costumbres de ayuda mutua, de orden y de prudencia, los colocaban muy por encima de los otros trabajadores. Las economías que han pudieron realizar, los pusieron en mejores condiciones que los demás para soportar las vicisitudes de la vida».

Mostraremos ahora algunas cifras que evidencian cómo el almacén de Rochdale resistió a la crisis industrial que duró cuatro años.

En 1861, momento en que cundió el pánico, las ventas anuales al contado en el almacén alcanzaron 176.000 libras esterlinas. Cuando terminó la crisis cuatro años después, en 1865, las ventas se habían elevado a 196.000 libras.

El capital en 1861 era de 42.000 libras esterlinas mientras en 1865 alcanzaba 78.000 libras.

En 1861 los socios sumaban 3.900; cuatro años más tarde, el número se había elevado a 5.300. Esto demuestra que la sociedad cooperativa representaba un lugar seguro durante la tormenta.

En 1862, el Comité de Socorros de la Sociedad de los Pioneros Equitativos de Rochdale no había necesitado intervenir mucho en favor de los obreros desocupados. Más bien fue al contrario; la situación no parecía destacar por su adversidad. Ese mismo año, los Pioneros instalaron, en Blue Pits, un nuevo almacén que costó 700 libras esterlinas y al año siguiente construyeron un matadero, instalaron unos corrales y una carnicería, que costaron en total mil libras; luego, abrieron un nuevo almacén, en el cual invirtieron otras mil libras.

En 1864 construyeron, en Spotland Bridge, un edificio dedicado al almacenaje y se hicieron otro en Oldham Road, cuyo costo fue de 1.500 y 1.700 libras esterlinas respectivamente.

Pero esto no es todo. Los Pioneros iniciaron trabajos especiales en el callejón del Sapo, con miras a construir un gran almacén central. Además, durante los cuatro años de la crisis algodonera, los Pioneros donaron la suma de 750 libras esterlinas para socorrer a personas necesitadas y se dedicaron a otras tareas de ayuda social. Por último, en el mismo período destinaron la cantidad de 1.840 libras a la educación general de los socios.

Fue en 1862 cuando la crisis algodonera alcanzó su mayor intensidad. Dos tercios de los obreros de Rochdale quedaron casi por completo sin trabajo. La mayoría de las fábricas estaban cerradas y el pueblo vivía casi exclusivamente de sus ahorros. Ese año, el número de socios de la cooperativa disminuyó en 500. El capital, por su parte, experimentó una bajada de 4.500 libras esterlinas. No obstante, los beneficios alcanzaron la suma de 17.000 libras.

La cooperación no solo consiguió hacer frente a una tormenta, sino que pudo prestar ayuda a los trabajadores desocupados no enrolados en la cooperativa.

Cabe resaltar que durante la crisis algodonera en las fábricas cooperativas no se rebajaron los salarios, pues el trabajo fue más intenso que en las manufacturas vecinas.

Es interesante señalar también que en ese período tan doloroso, el *Almanaque de la Sociedad* publicaba estos consejos:

1. Gastad vuestros salarios solo en cosas de suma necesidad. Evitad todo otro gasto.

2. Emplead vuestros ahorros con parsimonia.
3. Utilizad el tiempo libre después del trabajo en favor de vuestro progreso industrial, pues para ello se han creado nuestras salas de lectura y nuestras bibliotecas.
4. Colaborad por el honor de nuestro movimiento, sabiendo esperar con paciencia tiempos mejores.

Siguiendo el consejo, los cooperadores esperaron. Ningún agitador pudo conducirlos a unirse a movimiento alguno para obligar al gobierno a intervenir en favor del Sur, en la guerra de Estados Unidos, a fin de procurar algodón a los condados de York y de Lancaster.

Venta al por mayor. Sucursales y almacenes centrales

En 1853, la Sociedad de los Pioneros estaba dividida en seis secciones: comestibles, carnicería, tienda, mercería, calzado y sastrería. Cada uno de esos departamentos tenía su contabilidad específica, pero un informe trimestral proporcionaba la información del conjunto.

Entonces se decidió completar esos diferentes servicios, organizando la venta al por mayor. La finalidad era satisfacer los deseos de cierta clase de compradores y ayudar a los almacenes cooperativos de Lancashire y de Yorkshire. Estos almacenes no disponían de capital suficiente para efectuar sus compras en buenas condiciones, y tampoco podían tener a su servicio un responsable de compras eficiente, conocedor del mercado y de los negocios, que supiese dónde y cómo hacer las compras.

El departamento para la venta al por mayor tenía como principal objeto garantizar la pureza, la calidad, el precio moderado, el peso justo y la medida exacta de las mercancías. Por supuesto, todas las operaciones debían efectuarse de acuerdo al principio invariable del pago al contado.

Esta sección tuvo que afrontar muchas dificultades y quizá se hubiera abandonado en los comienzos si no se hubiese colocado bajo el amparo de una norma registrada ante el Parlamento, motivo por el cual no podía ser fácilmente modificada. A continuación se transcriben algunos párrafos de esta norma llamada Ley de los Pioneros:

1. Las operaciones de la Sociedad se dividen en dos departamentos: la venta al por mayor y la venta al por menor.
2. La venta al por mayor tiene por objeto proveer a las cooperativas asociadas de mercancías en grandes cantidades.
3. Este departamento está dirigido por un comité de ocho personas y por los tres comisarios de la Sociedad. Sus miembros se reunirán todos los miércoles a las 7:30 de la tarde. Tienen a su cargo el controlador de las compras y ventas de las mercancías que la dirección decida adquirir. El comité es elegido en las asambleas semestrales de abril y de octubre. Cada año se renuevan cuatro miembros.
4. Este departamento abona al capital un interés del 5% anual.

De los beneficios obtenidos sobre la venta al por mayor se retenían, en primer lugar, los gastos de dirección y otros, incluido el interés mencionado. Los beneficios restantes se dividían en tres partes: una se asignaba al fondo de reserva para afrontar las pérdidas hasta que dicho fondo alcanzara el valor de las existencias de mercancías; las otras dos terceras partes se dividían entre los asociados, proporcionalmente a las compras efectuadas por cada uno en el departamento de venta al por mayor.

El documento lo firmaban: Scrowcroft, Abraham Greenwood, William Cooper y James Smithies (secretario). Estas normas fueron registradas legalmente.

Lloyd Janes, que posteriormente se convirtió en uno de los jefes del movimiento cooperativo en Inglaterra, contribuyó mucho a la organización de las ventas al por mayor en Rochdale.

Una de las cuestiones más difíciles, como es de comprender, fue la de reunir el capital necesario para esta nueva y considerable empresa.

Entre las sociedades cooperativas de Lancashire y de Yorkshire, que debían beneficiarse con el establecimiento de la sección de ventas al por mayor, había diversidad de opiniones respecto al nuevo proyecto de los Pioneros. Algunas sociedades estaban dispuestas a contribuir con aportes proporcionales, otras manifestaban poseer apenas el dinero necesario para realizar sus operaciones, finalmente, algunas otras, con una prudencia tan antigua como el mundo, querían ver antes cómo irían las cosas, prometiendo dar luego su adhesión si el departamento de ventas al por mayor daba buenos resultados.

Si bien es cierto que esta es una previsión muy loable en ciertos casos, si todo el mundo procediera así, no podría realizarse nunca ningún progreso.

Con su energía habitual, los honorables Pioneros tomaron la iniciativa y como mucha gente tenía ya disposición para confiar en el buen éxito de las empresas que pudieran organizar, nuevos adherentes invirtieron fondos para impulsar las ventas al por mayor. Sin embargo, la mayor parte del capital fue facilitado por la Sociedad del almacén de Rochdale.

A pesar de las dificultades iniciales, la sección de ventas al por mayor abonó, ya desde los primeros trimestres, no solo los intereses al capital, sino que devolvió los excedentes a los compradores. Desgraciadamente, al cabo de cierto tiempo, el demonio de todos los movimientos sociales, la envidia, hizo su aparición en el seno de esta nueva empresa.

Los almacenes que se abastecían en la sección de ventas al por mayor pensaron que la Sociedad de los Pioneros los explotaba. Por otra parte, muchos miembros de la Sociedad se imaginaron que otorgaban a los otros almacenes demasiados privilegios en perjuicio de sus propios intereses. Estas disensiones internas entorpecieron profundamente las operaciones.

La venta al por mayor, establecida en 1853, continuó hasta 1858, fecha en que se suspendió y al año siguiente fue abandonada definitivamente. No obstante, se consideraba tan necesaria esa organización que continuaron los estudios para darle forma estable. Los elementos para la solución del problema aparecieron poco a poco, en Rochdale mismo, durante el desarrollo de las operaciones cooperativas.

Desde 1856, el almacén del callejón del Sapo resultaba insuficiente para satisfacer las necesidades del gran número de socios con los que contaba la Sociedad en aquel entonces. Algunos cooperadores habían agitado el ambiente para establecer, en diferentes barrios de la ciudad, sucursales que estarían más cercanas a sus domicilios que el almacén primitivo.

Se suscitaron discusiones acerca del lugar de Rochdale donde habría de establecerse la primera sucursal. Un memorial con muchas firmas había sido presentado a la asamblea trimestral de 1856 por los socios domiciliados en el barrio de Casleton. La propuesta fue aprobada de inmediato, pues los mismos solicitantes concurrieron en gran número a la reunión para apoyar el pedido y hacerlo triunfar con sus votos.

De esta manera fueron abiertas sucesivamente todas las sucursales. He ahí un rasgo notable del carácter democrático de la institución.

En 1859, época en que se abandonó la venta al por mayor, la Sociedad de los Pioneros tenía seis sucursales en

CENTRAL STORES, TOAD LANE, 1868.

Imágenes del Almacen Central de la Rochdale Society of Equitable Pioneers en el callejón del Sapo, en los años 1868 y 1931. (Fuente: The history of the Rochdale Pioneers, Swan Sonnenschein & Co., Lim., 1900, Londres, y Historia de los Pioneros de Rochdale, AECOOP, 1973, Zaragoza, respectivamente.)

la ciudad y la importancia de las operaciones era tal que resultaba evidente que el número de sucursales aumentaría de año en año.

Esas sucursales, vinculadas entre sí por una administración única, constituían otras tantas dependencias del establecimiento principal del callejón del Sapo, conocido en adelante con el nombre de Almacén Central.

El sistema de sucursales prestó grandes servicios a los cooperadores y fue, sin duda alguna, una de las principales causas de los progresos rápidos y seguros de la Sociedad.

Las transacciones entre las sucursales y el Almacén Central estaban organizadas de manera sencilla. El jefe de cada una de las secciones preparaba la lista de los artículos que necesitaba, valiéndose de un formulario especial que remitía a la oficina central. Al recibir esos pedidos, el director daba órdenes a los transportadores para que se enviaran inmediatamente los artículos solicitados.

La organización de las relaciones administrativas entre la casa central y sus dependencias sirvió de base a Abraham Greenwood, uno de los destacados miembros de la Sociedad de Rochdale, para sugerir de nuevo, en 1863, la utilidad y la posibilidad de establecer —en provecho de todos los almacenes cooperativos del norte de Inglaterra— una gran sociedad para la venta al por mayor.

Greenwood fue quien intervino de manera tan eficiente para devolver la prosperidad a la Sociedad del Molino Harinero. Había estudiado detenidamente los esfuerzos efectuados con anterioridad para realizar las operaciones de venta al por mayor y se había dado cuenta de las causas que hicieron fracasar la primera iniciativa.

Una tentativa análoga había tenido lugar en Londres, en 1850, sin éxito alguno. Greenwood explicaba que el fracaso fue debido a que, en esa época, no había en Inglaterra un número suficiente de cooperativas para sostener una institución de esa clase. Su opinión era que, aun en 1855, existían pocas cooperativas para dar vida al departamento de ventas al por mayor de Rochdale y que ese factor, agregado a las divisiones provocadas por el espíritu egoísta y la envidia, había sido la causa inevitable del derrumbe. Tanto en 1850 como en 1855, la cuestión de la venta al por mayor había sido una tentativa demasiado prematura en el orden del movimiento cooperativo.

Pero ya no era así en 1863. En esa fecha había en el Reino Unido quinientas cooperativas de consumo. Apoyándose en ello y en el ejemplo ofrecido por las relaciones comerciales entre el almacén central de Rochdale y sus sucursales, Greenwood propugnó la fundación de la Sociedad Cooperativa del Norte de Inglaterra para la Venta al por Mayor (Wholesale).

Es interesante ofrecer alguna información sobre la importancia adquirida por esta sociedad que fabricaba los productos que distribuía o los adquiría directamente a los productores o importadores. La mayor parte de las mercancías eran entregadas a las cooperativas adheridas al precio de costo con un recargo mínimo para cubrir los gastos administrativos.

La sociedad realizaba ella misma sus operaciones bancarias y contrataba un seguro contra incendios para las mercancías depositadas en sus filiales y contra los riesgos del transporte marítimo.

La sociedad abonaba, como única remuneración al capital, un interés anual fijo de cinco libras por cada cien. Los beneficios restantes, previa deducción de los gastos administrativos y de las reservas y amortizaciones para afrontar las eventualidades y la desvalorización de las mercancías, se distribuían entre las cooperativas adheridas, proporcionalmente a las compras efectuadas por cada una. A las entidades que no formaban parte de la federación solo les correspondía la mitad de ese dividendo.

Los libros de dicha sociedad de venta al por mayor consignaban la siguiente declaración:

«El señor Abraham Greenwood, de Rochdale, debe ser considerado como el creador principal de esta Sociedad Cooperativa, de la que ha sido siempre su presidente. El plan por él propuesto, modificado ligeramente, constituye la base de la admirable organización actual».

Durante el período de formación de esta sociedad, delegados de Rochdale participaban con regularidad e interés en las reuniones preparatorias. No obstante, en Rochdale seguía habiendo cierto número de cooperadores contrarios a la idea de fundar una cooperativa para la venta al por mayor. La mayoría de ellos eran socios nuevos. Y aunque su influencia no fue suficientemente fuerte para impedir que la sociedad adquiriese acciones de la nueva entidad, obstaculizaron en cierta medida el desarrollo de las operaciones. No dejaba de ser una actitud chocante, ya que se confiaba mucho en la ayuda de los cooperadores de Rochdale.

La influencia ejercida por los Pioneros era tal en esa época, que la sociedad de venta al por mayor confiaba poder hallar entre ellos mismos a los funcionarios experimentados que necesitaba.

Samuel Ashworth, director del Almacén Central de Rochdale, fue requerido para asumir la dirección de la sociedad de Manchester, pero manifestó que solo dejaría Rochdale si el Comité Director de la Sociedad se comprometía a restablecerlo en su puesto en el caso de que las ventas al por mayor fracasaran. Se le negó esa garantía, por lo que postergó su salida durante unos meses. Finalmente, a finales de 1864, aceptó el cargo de director en Manchester.

La Sociedad de los Pioneros, aun suministrando hombres y capital a las sociedades que se iban constituyendo inspiradas por su ejemplo, veía acrecentar sus operaciones cada día.

En 1867, su almacén central ya era insuficiente. Se resolvió construir un nuevo edificio de acuerdo con planos mejor concebidos en la esquina de Saint Maria Door y el callejón del Sapo, que ocuparía una gran extensión sobre ambas calles y cuya posición dominaba una buena parte de las casas de la vecindad. Los sótanos se utilizaron para depósito de las mercancías. En la planta baja se instalaron las distintas salas de venta y las oficinas. En los pisos superiores estaban las salas de reunión y de lectura con la prensa diaria. Esta última, confortablemente amueblada.

Un inmenso salón de actos, con capacidad para 1.400 personas, ocupaba toda la superficie del último piso del edificio. En ciertas ocasiones se ubicaron hasta 2.000 personas. Desde sus ventanas se podía contemplar toda la ciudad. También hubo la intención de instalar en la azotea del edificio un observatorio y colocar telescopios de largo alcance.

La inauguración de este nuevo almacén tuvo lugar en septiembre de 1867 y dio lugar a una verdadera fiesta. Después del banquete que se sirvió en el nuevo edificio, los concurrentes se trasladaron al Teatro Real de Rochdale, donde se pronunciaron varios discursos. La asamblea fue presidida por el alcalde, el señor Robinson.

John Bright, miembro del Parlamento, imposibilitado de asistir a la fiesta envió una carta cordial. El conde Russel, lord Stanley, Goldwin Smith y T.B. Potter, miembros del Parlamento, Jacob Bright y otras personas distinguidas enviaron sus felicitaciones a la Sociedad.

Thomas Hughes y Walter Morrison, miembros del Parlamento, Edward Vansittart Neale, el señor Greening, los reverendos Molesworth y Freeston, y el autor de esta historia fueron los oradores.

Veintitrés años antes, los cooperadores habían iniciado su humilde y dudosa carrera en Rochdale, y ese día, 28 de septiembre de 1867, su prestigio público era reconocido. Constituían la más grande corporación comercial.

El reverendo Molesworth expresó que esa fiesta revestía una importancia europea, por cuanto la cooperación se había extendido a través del continente desde que la opinión pública había aceptado los principios de los Pioneros. Agregó que todos los verdaderos creyentes en la cooperación dirigían su mirada hacia Rochdale, como ciudad santa del sistema cooperativo.

John Brierley, secretario, dio lectura a un estudio que terminaba con las palabras siguientes:

«En 1853 se estableció, en esta ciudad, una manufactura cooperativa a instancias de los miembros del almacén del callejón del Sapo. Su propósito era entregar parte de los beneficios obtenidos al capital y parte al trabajo. Esa sociedad tuvo mucho éxito en sus primeros años, pero los capitalistas socios pensaron que los trabajadores iban a recibir demasiados beneficios y entonces resolvieron suprimir la parte reservada al trabajo (voces de indignación). Esperamos ver, dentro de poco, restablecido ese derecho (bravo) y los principios de la cooperación completamente desarrollados, pues estamos convencidos de que encierran incalculables ventajas para el pueblo».

Thomas Hughes tomó nota de esas palabras como de un compromiso para restablecer ese principio característico de una verdadera manufactura cooperativa, es decir, el derecho del trabajo a los beneficios de la producción.

Los cooperadores, que hasta entonces nunca habían contado con tantos huéspedes, ni de tal distinción, no mostraron tanta habilidad en la organización de las fiestas como en el manejo de los intereses de la cooperativa, pero aun así las cosas fueron conducidas con una perfecta cordialidad. Después de la reunión en el teatro, la numerosa concurrencia pasó parte de la noche en el gran salón del nuevo edificio donde se bailó con entusiasmo.

Antes de terminar el relato del desarrollo comercial de la Sociedad de Rochdale, es importante recalcar que una de las sociedades inglesas, hacia la cual los Pioneros se consideraban ligados por el mayor reconocimiento, era la Sociedad para el Desarrollo de las Asociaciones de Trabajadores. Los Pioneros declararon públicamente que esa sociedad había prestado grandes servicios a la causa de la cooperación, divulgando en el país las informaciones más útiles, haciendo enmendar por el parlamento las leyes que podían afectar al movimiento cooperativo y votar disposiciones apropiadas para dar libertad y seguridad a quienes se propusieron actuar en organizaciones cooperativas.

Entre las personalidades que se distinguieron en esta obra de conciliación y de progreso social, se menciona a los señores Edward Vansittart Neale, Charles Kingsley, Furnival, Ludlow y otros.

Instituciones de ayuda mutua

Al margen de las operaciones comerciales, la Sociedad de los Pioneros creó, a favor de sus asociados, varias instituciones, entre las que sobresale la Sociedad de Previsión para Casos de Enfermedades y de Socorros para los Sepelios, que fue fundada en 1860. Sus propósitos están indicados en el mismo título: suministrar subsidios a los socios enfermos y proveer a las ceremonias funerarias.

Podían formar parte de esta sociedad únicamente los Pioneros y sus familias. Sin embargo, si perdían su carácter de miembros de la sociedad de Rochdale, podían seguir siendo socios de la citada sociedad de previsión.

En casi todos los países, por lo general, el progreso suele ser producto de la desgracia. Raras veces la razón sola puede engendrar una idea de progreso. La Sociedad de Construcciones estuvo sujeta a esa ley común.

Uno de sus fundadores contó que cierto caballero, a la vez comerciante y acaudalado propietario, había alquilado algunas casas suyas a cooperadores. En un momento de mal humor, sin duda, ese propietario pensó que si sus inquilinos recibían dividendos sobre sus compras, a él debía corresponderle una parte, y por ello decidió aumentar los alquileres de cuatro peniques por semana.

Tal conducta tuvo como consecuencia inmediata entre los cooperadores tomar la resolución de impedir que un hecho semejante se repitiese. Constituyeron de inmediato una sociedad con el fin de adquirir terrenos y construir viviendas para sus socios.

El estatuto sancionado daba al Comité Director facultades para construir, comprar y vender casas, talleres, molinos y fábricas. El capital social fue fijado en 25.000 libras esterlinas en acciones de una libra.

Treinta y seis casas fueron construidas antes de 1867. El terreno adquirido a tal efecto quedó totalmente ocupado. Esas construcciones representaron un gran progreso sobre las viviendas comunes de aquella época.

Aunque se ha encontrado poca información al respecto, el diario *The Irish Times*, en 1868, publicaba la siguiente información:

«El capital de que dispone la Sociedad de los Pioneros Equitativos de Rochdale es tan considerable y aumenta tan rápidamente, que los directores invierten actualmente 10.000 libras esterlinas, a título de ensayo, para la construcción de viviendas de primera clase para los artesanos. A tal fin han adquirido un terreno en los alrededores de Rochdale».

Ese diario había obtenido la información de los *Almanaques de la Sociedad.* Esta publicación anual era, por aquel entonces, la única historia escrita de los Pioneros.

El Departamento de Educación[1]

Los primeros Pioneros tenían por costumbre reunirse semanalmente, después de la jornada de trabajo, en la trastienda del viejo almacén a fin de comunicarse las novedades de la semana. Frecuentes y serias eran las discusiones que se sostenían en el «almacén de los viejos tejedores» —como lo llamaban los pillos del barrio— sobre cuestiones referentes al progreso del bienestar humano, a planes de redención social y a la eliminación de las condiciones infames en que vivían los obreros.

---

[1] N. del T.: Este es uno de los puntos más interesantes de la historia de los cooperadores de Rochdale, que se remonta a los comienzos de la Sociedad, a fin de seguir el desarrollo de las medidas adoptadas en vista del progreso intelectual y moral de los cooperadores y de sus familias.

Un discurso pronunciado por uno de los pioneros, Abraham Greenwood, ante una asamblea de delegados de sociedades cooperativas, el 14 de julio de 1877, suministra, junto con el libro de George J. Holyoake, los detalles sobre el nacimiento y los progresos del Departamento de Educación entre los cooperadores de Rochdale.

Con esa idea en mente, en 1849 la Sociedad de los Pioneros organizó el primer núcleo de lo que se llamó después el Departamento de Educación. Se constituyó un comité directivo para recoger las donaciones voluntarias de dinero y de libros y algunos miembros entregaron ediciones de cierto valor. Uno de los donantes expresó: «Si bien regalo mis libros, estos quedan igual a mi disposición, puesto que podré ir a leerlos a la biblioteca».

Muy pronto, la biblioteca, respondiendo a los deseos de sus miembros, permanecía abierta una vez por semana, los sábados de 7:00 a 9:00 de la noche. A la sala de lectura de periódicos tenían acceso quienes abonaban una cuota de dos peniques mensuales.

El Comité de Educación, considerando insuficiente la cantidad de libros, el trimestre siguiente hizo un nuevo llamado a los miembros. La asamblea votó una segunda donación de cinco libras esterlinas, que fue renovada tres meses después.

Como las necesidades se hacían cada vez más crecientes, el Comité de Educación concibió la idea de solicitar de la próxima asamblea trimestral la suma de 40 libras. Los miembros de dicho comité no ignoraban que las donaciones anteriores habían levantado ciertos murmullos entre algunos cooperadores. Había, pues, que emplear cierta diplomacia para desarmar la oposición frente a ese nuevo pedido.

El Comité de Educación tuvo la habilidad de inducir a uno de los opositores más encarnizados a dispensarse el honor de proponer, él mismo, a la asamblea, que se concedieran 40 libras esterlinas al Departamento de Educación.

La biblioteca siguió gozando siempre de mayor simpatía por parte de los asociados. En 1853, John Brierley, miembro muy antiguo, sugirió que el 2,5% del beneficio neto de la Sociedad se dedicara anualmente a la educación. Esta idea fue aprobada e incorporada al Estatuto de la Sociedad.

Los dividendos asignados a ese fondo de reserva permitieron costear profesores para la enseñanza, con grandes ventajas para los cooperadores y sus familias. En 1850 se estableció una escuela para niños. La cuota de admisión era de dos peniques mensuales. En 1855, otra sala con capacidad para treinta alumnos fue destinada a personas de entre 14 a 40 años de edad que desearan instruirse mutuamente.

En 1856, la biblioteca contaba con 1.400 volúmenes y el Comité de Educación anunciaba que en adelante la sala de lectura de los periódicos estaría abierta, gratuitamente, a todos los asociados.

En 1858 el número de libros se elevaba a 2.000 y el plazo de retención a domicilio fue aumentado. La biblioteca quedó abierta también los miércoles con el mismo horario que los sábados. En 1859, la existencia de libros era de 2.200, y el siguiente año alcanzaba a 3.000.

En 1862, el *Almanaque de la Sociedad,* cuya carátula estaba impresa en tinta de oro sobre fondo azul, consagraba un largo capítulo a la sección de educación, en el que se mencionaba que la biblioteca contaba con 5.000

volúmenes, muchos de ellos de gran valor; que la sala de lectura recibía 14 diarios y 32 periódicos semanales y mensuales. Esas publicaciones representaban todas las opiniones políticas y religiosas. Los cooperadores habían querido ponerse en guardia contra la posibilidad de ser acusados de intransigentes y de tener un espíritu mezquino. No imitaban a esas gentes tímidas que temen ver las cosas desde distintos puntos de vista, que rehúyen la verdad de modo que cuando la encuentran en su camino no la reconocen.

Mapas, catalejos y estereoscopios estaban a disposición de los socios y mediante el pago de una pequeña suma podían ser llevados en préstamo a sus domicilios.

En 1862, el tiempo dedicado al canje de los libros y su entrega a los socios resultaba de nuevo insuficiente. El Comité de Educación contrató un empleado especial que consagraba todo su tiempo a la biblioteca. De profesión encuadernador, tuvo a su cargo ordenar los libros, velar por su cuidado y atender la renovación de las suscripciones a los periódicos. La biblioteca quedaba abierta a los socios durante siete horas diarias y en 1864 se habilitaron otras dos salas de lectura.

En 1867, la biblioteca tenía 6.000 volúmenes y diez salas de lectura en distintos barrios de la ciudad. En 1869, los libros llegaban a 7.000 y las salas de lectura a once. El Comité de Educación editó entonces el catálogo de la biblioteca con nuevas y útiles indexaciones:

- Por indicación de los títulos.
- Por la naturaleza de las cuestiones tratadas.
- Por el nombre de los autores.

De este modo, si un libro se conocía solo por el título, se buscaba en el orden alfabético. Si se deseaba saber qué obras había en la biblioteca sobre tal o cual materia, se consultaba el catálogo en la sección correspondiente. Y si se tenía predilección por un autor, el catálogo ofrecía la lista de las obras de ese autor existentes en la biblioteca. Ese sistema de establecer un catálogo dio completa satisfacción.

Se imprimieron siete mil ejemplares del catálogo, con un costo unitario para la Sociedad de un chelín y dos peniques; sin embargo, era vendido a los socios solo a dos peniques.

En 1870, la biblioteca contaba con 9.000 volúmenes; en 1875, con 11.000 y en 1876, con 12.000, mientras que el número de libros consultados por los lectores, desde junio de 1876 al mismo mes de 1877, fue de 37.316.

Juntamente con los medios de instrucción ofrecidos por las clases, la biblioteca, las salas de lectura y los periódicos, el Comité de Educación organizó conferencias sobre temas científicos de interés. Estas disertaciones se dieron en una de las salas de la ciudad, mientras la Sociedad no pudo disponer de un salón propio para sus reuniones.

Cuando la Sociedad contó con su propia sala para asambleas, el Comité de Educación organizó, en los meses de invierno de 1870 a 1873, una serie de conferencias de libre acceso. Estas conferencias tuvieron éxito hasta 1872 por la razón de que no había entonces ninguna otra sociedad que ofreciera actos de esta naturaleza.

En 1873, diversas entidades organizaron, por su parte, conferencias públicas en las aulas escolares. Hubo, en ciertas ocasiones, hasta seis conferencias en una misma noche, si bien el público perdió el interés por este ejercicio.

El Comité de Educación de la Sociedad de los Pioneros, reconociendo que las conferencias habían dejado de agradar, resolvió ponerse en contacto con el departamento de artes y ciencias de South Kensington, de Londres. Por medio de esta institución, la sociedad obtuvo, desde esa época, subsidios gubernamentales en favor de aquellos estudiantes que, siguiendo los cursos exigidos durante un período, rindieran sus exámenes con éxito.

En las clases de la Sociedad de los Pioneros, profesores competentes enseñaban las siguientes materias: Matemáticas, Dibujo geométrico y mecánico, Teoría de la mecánica, Fisiología, Botánica, Magnetismo y electricidad, Química inorgánica, Dibujo lineal y ornamental, Geometría y perspectiva, Acústica, Luz y calor, idioma francés.

Los hijos de los cooperadores, varones y mujeres, que deseaban desarrollar sus capacidades intelectuales, podían beneficiarse con esas clases.

Los gastos de esa obra educacional ascendieron a mil libras esterlinas anuales.

De 1857 a 1877, es decir, en un período de veinte años, el gasto total por la compra de libros para la biblioteca ascendió a 2.600 libras, lo que representaba un promedio de 4,5 chelines por volumen. La Sociedad tenía libros cuyo valor oscilaba entre varios peniques y 20 libras esterlinas el ejemplar. En el mismo período se invirtieron 872 libras para suscripción a diarios, periódicos y revistas.

Si esas sumas se hubieran distribuido entre los socios en concepto de dividendos, apenas hubiera correspondido a cada uno un aumento de un penique por cada acción de una libra esterlina.

En lo que concierne a instrumentos de estudio, la institución poseía treinta y dos catalejos, tres baterías magnéticas, un gran telescopio y otro más pequeño, un microscopio, cuatro grandes colecciones de vistas para microscopio, dos estereoscopios y un cosmoscopio.

La sala central de lectura contaba con 21 diarios, 55 semanarios, 33 revistas mensuales y 9 trimestrales, y había un libro a disposición de los miembros que concurrían a las salas de lectura para recoger sugerencias y quejas.

El Departamento de Educación estaba administrado por un comité de once miembros; una mitad eran elegidos en la Asamblea General de abril y la otra mitad en la de octubre, de modo que cada miembro quedaba un año en funciones.

El Comité de Educación disponía la inversión de los fondos bajo su control, nombraba y ejercía el control sobre los bibliotecarios, y decidía su retribución.

Si alguien deseaba recomendar una obra, debía mencionar el título, el nombre del autor y del editor, así como el precio. Una columna estaba destinada a las observaciones que el proponente juzgaba útiles para que su pedido fuera acogido favorablemente.

Este comité celebraba reuniones plenarias trimestralmente, y las actas de esos encuentros reflejaban todos los asuntos considerados.

Una subcomisión realizaba anualmente una inspección detallada de todos los libros de la biblioteca y presentaba un informe al Comité de Educación sobre el estado de los volúmenes.

Es preciso resaltar que la sabia disposición de designar el 2,5% de los beneficios netos a fines de educación general fue lo que elevó a la Sociedad de Rochdale, entre todas las sociedades cooperativas. Fue esta «regla de oro» la que dio tanto valor y resonancia al ejemplo de los Pioneros y la que atrajo tantos enemigos. Fue esta regla la que, contribuyendo al progreso moral e intelectual de los cooperadores, permitió preservar a la Sociedad del peligro de ver sus principios tergiversados o destruidos por personas ignorantes o mal informadas, que no habrían faltado, allí, como en cualquier parte, de realizar esfuerzos para destruir las bases esenciales de la Sociedad de Rochdale. Los ignorantes están siempre dispuestos a admitir que la inteligencia no reporta dinero, cuando en realidad, sin inteligencia no habría beneficio en los almacenes cooperativos ni en ninguna otra parte.

En la *Historia de la Cooperación en Halifax* se resalta que faltaron hombres inteligentes en la Sociedad de Brighouse. William Cooper, uno de los famosos 28 Pioneros de Rochdale, emite el juicio siguiente, con el que concluimos este capítulo:

«Si en Brighouse faltó inteligencia, llego a la conclusión de que en esa sociedad, como en muchas otras, se cometió un grave error. Donde faltan salas de lectura, bibliotecas y otros medios de educación, no hay que esperar encontrar trabajadores inteligentes. Estos buscarán satisfacer sus aspiraciones en otras partes.

La experiencia ha demostrado que si la sociedad cooperativa tiene el buen criterio de proporcionar a sus miembros salas de lectura y otros medios de educación, atrae con ello a quienes desean y necesitan alimentar el espíritu.

Las clases, las bibliotecas y las salas de lectura de Rochdale, Oldham, Bury y de otras sociedades, han reunido un gran número de personas que no se habrían agrupado por el solo estímulo del dividendo, si bien este aliento sea necesariamente apreciado por la mayoría de los trabajadores y de sus familias».

Vista actual del edificio del almacén de la Sociedad de los Pioneros Equitativos de Rochdale, que en la actualidad acoge un museo dedicado a la historia de esta cooperativa (Fotografía de Diamond Geezer, 2017)

El entramado

Christian Ferrer

Historia de los Pioneros de Rochdale

Georges Jacob Holyoake

Apocalipsis

Karl Kraus

Los estudios culturales

Fredric Jameson

El barri de la Perona. Barcelona 1980-1990

Esteve Lucerón i Àngel Marzo Guarinos

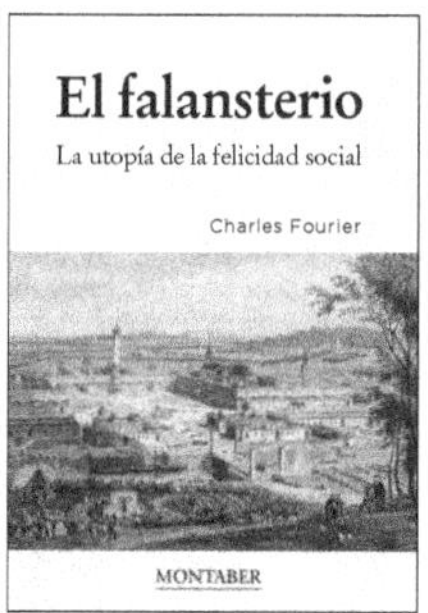

El Falansterio

Charles Fourier

MONTABER   València, 558 – 08026 Barcelona – Tel. +34-931 429 486 – montaber@montaber.es – www.montaber.es

www.montaber.es

9 788417 903381